会计综合实训

主　编　朱毅芬　林月香
副主编　姚建雄

ACCOUNTING PRACTICE

厦门大学出版社
XIAMEN UNIVERSITY PRESS
国家一级出版社
全国百佳图书出版单位

图书在版编目（CIP）数据

会计综合实训 / 朱毅芬，林月香主编. -- 厦门 ：
厦门大学出版社，2022.12
ISBN 978-7-5615-8789-8

Ⅰ. ①会… Ⅱ. ①朱… ②林… Ⅲ. ①会计学－教材
Ⅳ. ①F230

中国版本图书馆CIP数据核字(2022)第189662号

出 版 人	郑文礼
责任编辑	江珏玙
美术编辑	李嘉彬
技术编辑	朱　楷

出版发行	厦门大学出版社
社　　址	厦门市软件园二期望海路 39 号
邮政编码	361008
总 编 办	0592-2182177　0592-2181253(传真)
营销中心	0592-2184458　0592-2181365
网　　址	http://www.xmupress.com
邮　　箱	xmupress@126.com
印　　刷	厦门市竞成印刷有限公司

开本	787 mm×1 092 mm　1/16
印张	11.25
字数	274 千字
版次	2022 年 12 月第 1 版
印次	2022 年 12 月第 1 次印刷
定价	42.00 元

厦门大学出版社
微信二维码

厦门大学出版社
微博二维码

内容简介

本教材是校企“双元”合作开发的岗、课、赛、证融合的新形态一体化教材，按照全国职业院校技能大赛高职组会计技能赛项的内容和形式设计会计综合实训，将竞赛任务转化为实训任务。

会计综合实训是大数据与会计专业教学不可或缺的重要环节，是巩固学生会计理论知识并提高会计操作技能的重要手段。本教材以最新的财税法规为编写依据，融合会计专业技术资格考试与企业实际工作，以制造业企业一个月的经济活动为背景，让学生综合运用所学的会计专业知识，在云财务会计环境下进行资金出纳、成本核算、业务审核、会计核算、报表编制、财务分析、纳税申报等业务处理。通过会计综合实训，使学生对制造业企业的会计工作全过程有一个较系统、完整的认知，增强学生的动手操作能力，提高学生从事会计工作的技能。

本书可以作为高等职业教育大数据与会计专业和财经类相关专业教学使用，也可供会计从业人员、社会从业人员作为培训、学习用书。

序

2021年12月，教育部办公厅印发《"十四五"职业教育规划教材建设实施方案》，提出"十四五"期间，分批建设1万种左右职业教育国家规划教材，打造培根铸魂、启智增慧，适应时代要求的精品教材，以规划教材为引领，高起点、高标准建设中国特色高质量职业教育教材体系。此外，鼓励学校、企业共同开展"岗课赛证"融通教材建设，结合订单培养、学徒制、1+X证书制度等，将岗位技能要求、职业技能竞赛、职业技能等级证书标准等内容有机融入教材。

2021年12月，财政部发布的《会计行业人才发展规划(2021—2025年)》指出，以信息技术、数字技术、人工智能为代表的新一轮技术革命催生了新产业、新业态、新模式，对会计理论、会计职能、会计组织方式、会计工具手段等产生了重大而深远的影响，需要会计理论工作者加强会计基础理论研究，推动我国会计理论创新发展；需要会计实务工作者深入应用新技术，推动会计审计工作数字化转型。这一系列文件的出台，推动着我国会计行业进入新的战略机遇期。

近年来，黎明职业大学在全国高职会计技能和智能财税两个赛项中异军突起，展示了该校会计专业学生的财税综合技能、会计素养与智能工具应用、财务会计与大数据财务分析和大数据管理会计等方面的应用能力和水平，彰显了该校教师队伍建设、课程建设和教材建设的成就，真正实现了"以赛促学、以赛促教、以赛促改"。

黎明职业大学和广东轻工职业技术学院以网中网"会计综合实训教学平台"为基础，与厦门网中网软件有限公司和中华会计网校深度合作，积极将职业技能大赛成果转化为教学资源，组织编写了《会计综合实训》教材。本教材以真实的制造企业一个月的业务情景、业务单据为基础，学生在云财务会计环境下完成资金出纳、成本核算、业务审核、会计核算、报表编制、财务分析、纳税申报等业务处理，仿真度高，针对性强，紧扣技能大赛规程，对实训过程中出现的主要知识点和技能点予以引导。教材图文并茂、配套资源丰富，可作为财务会计类专业的会计综合实训配套教材,也可作为高职会计技能和智能财税技能备赛训练配套教材。

党的二十大提出,教育、科技、人才是全面建设社会主义现代化国家的基础性、战略性支撑,必须坚持科技是第一生产力、人才是第一资源、创新是第一动力。会计人才是我国人才队伍的重要组成部分,是维护市场经济秩序、促进经济社会发展、推动会计改革发展的重要力量。作为高职院校,我们承担着培养造就大批德才兼备的高素质技术技能型人才的重任。让我们共同推动我国会计人才战略思维提升、创新能力发展、数字智能转型,提升我国会计人才教育培养综合实力和会计人才资源竞争优势,为全面建设社会主义现代化国家提供有力的人才保障。

丁增稳

2022 年 12 月

前言

随着以大数据、人工智能为代表的新一代信息技术的迅速发展，数字经济已经成为引领全球经济社会变革、推动我国经济高质量发展的重要引擎。2021 年 3 月《职业教育专业目录(2021 年)》发布，职业教育财务会计类专业升级和数字化改造全面展开，财经类专业人才的素质结构、能力结构、技能结构亟须调整。在这样的背景下，新专业建设成为构建新发展格局、建设数字中国和数字经济、服务现代产业建设的重要途径和基础性措施，传统的财会行业也从电算化、信息化时代向智能化时代迈进。

近年来全国职业院校技能大赛高职组会计技能赛项财务会计技能环节，融入了智能财务的处理技术和流程，以制造企业一个月的业务为例，考核学生在云财务会计环境下进行资金出纳、成本核算、业务审核、会计核算、报表编制、财务分析、纳税申报等业务处理的技能。系统采用智能化处理、自动化评判的现代化形式，与会计实际业务紧密联系，引领全国高职大数据与会计专业的改革与发展。

为更好地实现技能大赛“以赛促教、以赛促学、以赛促建、以赛促改”的目的，落实教育部大赛资源转化的精神和要求，进一步完善高职大数据与会计专业的课程体系，优化大数据与会计专业教材的内容和形式，规范实践教学组织流程，强化实践教学环节指导，提升实践教学效果，黎明职业大学与广东轻工职业技术学院、厦门网中网软件有限公司、中华会计网校，校企“双元”合作开发出版本教材。

本教材具有以下特色：

1.校企“双元”合作开发，教材实践性强

本教材以网中网“会计综合实训教学平台”，即全国职业院校技能大赛高职组会计技能赛项财务会计技能竞赛平台为实训平台，以平台中制造企业一个月的经济业务为主线，引导学生在智能环境下完成票—证—账—表—税的综合业务处理。平台提供了内容真实、结构完整的企业生产运营案例，按照企业财务共享服务中心账务处理模式、岗位任务分工、网上银行结算和网上报税系统操作，实践性强。教材针对实训过程中的主要知识点做讲解，做到理实结合，在提升学生实际操作技能的同时加强对理论知识的理解，培养学生对财税业务处理的综合能力，提高专业技能及实践工作能力，确保实践教学与实际工作“零距离对接”，会计专业教学与会计岗位需求“无缝对接”。

2.深化“岗课赛证”融通

本教材选取中小企业日常发生的经济业务，紧密对接企业会计岗位实际工作，按照财政部会计专业技术资格考试要求设计理论知识点的讲解，探索“岗课对接、课赛融通、课证融合”的教学模式，实现学生上手快、会思考、精分析、能决策、强管理、促创新的培养目标，使学生从单纯的技能型人才向发展后劲足的高素质技术技能型人才转变。

3.创新实训形式

本教材不再印制纸质业务单据，所有的单据及实训操作均在网中网“会计综合实训教学平台”中进行，教材针对实训过程中涉及的知识点及操作要点做讲解，方便学生在实操中进一步理解和掌握相关理论知识，实现“做中学，学中做”。同时教材还配套建设了视频等教学资源，对相关实训内容进行了详细讲解和分析，学生可利用碎片化时间随时随地学习，有效激发其学习热情，提高学习效率。

订购本书的读者还可申请“会计综合实训教学平台”试用账号(详见“教材使用说明”页的资源服务提示)进行体验。

本书由黎明职业大学朱毅芬和厦门网中网软件有限公司林月香担任主编，黎明职业大学姚建雄担任副主编。其中朱毅芬主要承担教材实训准备，实训目的及实训内容，实训企业基本情况，实训任务的项目二、四、五的编写工作；广东轻工职业技术学院石娜承担实训任务中项目一的编写工作，黎明职业大学赖曾琳、蔡滢承担实训任务项目三的编写工作；黎明职业大学赵鑫泉和江湘茹承担实训任务项目六的编写工作；厦门网中网软件有限公司林月香担任全书资源开发与建设工作。本书由朱毅芬统稿。本书编写过程中，得到了厦门网中网软件有限公司陈建榕、中华会计网校林秋明等的大力支持，以及黎明职业大学黄挺顺、黄泉星、钟鸣长，广东轻工职业技术学院韩宝国等许多职教精英的热情帮助，在此一并表示衷心的感谢。由于作者水平有限，疏漏之处在所难免，敬请广大读者批评指正。

编者

2022 年 10 月

教材使用说明：

本书与网中网"会计综合实训教学平台"配套使用，读者可申请试用账号。

申请方法：读者填写"试用账号申请"并签字盖章后发送至：linqium@netinnet.cn。在申请过程如果有任何疑问，可以联系网中网全国免费热线 400-0592-228。

附："会计综合实训教学平台"试用账号申请

"会计综合实训教学平台"试用账号申请

兹证明＿＿＿＿＿＿＿＿＿＿(学校)＿＿＿＿＿＿＿＿＿(系/院)第＿＿＿学年开设的＿＿＿课程，采用厦门大学出版社出版的＿＿＿＿＿＿＿＿(书名和作者)作为本课程教材，授课教师为＿＿＿，学生＿＿个班共＿＿人。

用书师生需申请"会计综合实训教学平台"试用账号。

申请人：

电话：

邮箱：

系/院主任：(签字)

(系/院办公室盖章)

年　　月　　日

目 录

实训准备

实训任务

实训准备

PREPARATION FOR PRACTICAL TRAINING

实训目的及实训内容

一、实训目的

通过本实训，训练学生会计核算技能，帮助学生巩固对会计专业技术资格考试中初级会计实务相关内容的掌握，加强信息化账务处理、采购核算、资产核算、成本核算、纳税核算与申报等实操技能；实训任务模拟企业内部业务流程设计，全面培养学生财税业务处理的综合能力，锻炼学生团队合作的精神，提升大数据与会计专业人才培养水平。

二、实训任务

本实训基于网中网财务会计案例综合教学平台，以多家中型制造企业真实业务为案例背景，编写了多套仿真度极高的实训案例。本实训要求学生以混岗或分岗合作实训形式完成某企业一个月一百多笔的经济业务的会计处理，全面考核学生会计核算专业技能的掌握情况。

三、实训知识与技能范围

本实训所涉及的知识主要包括财务会计、纳税实务、财经法规与会计职业道德、出纳实务、成本核算与管理等，主要技能为会计核算、纳税申报、成本分析等。

四、实训说明与要求

1.本实训按实训平台操作要求分为资金出纳岗位、审核会计岗位、成本会计岗位、会计主管岗位，实训中学生可以分岗位合作，也可以混岗完成相关实训任务。

2.实训平台中需要相关岗位签章，需要资金出纳岗位根据任务描述相关信息进行单据整理并提交审核会计审核。

3.实训平台中会计主管登录平台后首先要进入信息化系统创建账套，审核会计与成本会计方可进行信息化业务处理的操作。

4.实训平台中部分业务模拟企业财务共享服务中心账务处理模式，只需要选择相关参数类型，凭证会自动生成；月末结转损益业务由审核会计点击结转损益，信息系统将自动结转。

5.实训平台网银支付任务先由资金出纳岗位进行付款信息录入，然后提交给会计主管进行审核、授权操作。

6.实训平台中报表在信息化系统自动生成;纳税申报表在报税系统表内及表间有设置公式,完成相关表格数据的填制,进行保存,有勾稽关系的数据会自动生成。

7.本教材以会计专业技术资格考试中初级会计实务相关考点作为知识点,方便学生以实操进一步巩固相关理论知识,理实一体。教材将每个实训技能点所涉及的相关法规做了列举,方便学生和老师查阅和掌握,同时也作为知识点补充,让学生明白会计实务工作者是以法规为指引的。

8.本实训所有法规截止时间为 2021 年 12 月 31 日。

实训企业基本情况

本书选用网中网财务会计案例综合教学平台实训题库中的实训案例1——北京红星皮具有限公司作为本次实训的企业，现将企业的基本情况介绍如下：

一、公司基本情况

（一）公司注册资料

公司注册名称：北京红星皮具有限公司。

公司注册地址、电话：北京市朝阳区科技工业园158号，电话：010－59466497。

公司注册资本：人民币1200万元。

公司法定代表人：邓伟丰。

社会信用代码：911101060911564238。

（二）公司账户资料

1.基本存款账户：

交通银行北京朝阳支行，账号：110002049052486154477。

2.一般存款账户：

交通银行北京东城支行，账号：110008987656225638655。

3.工资账户：

交通银行北京朝阳支行，账号：110002080906814053542。

4.住房公积金账户：

交通银行北京朝阳支行，账号：110007880969814084263。

5.预留印鉴：

企业在银行的预留印鉴为财务专用章和法人章。

6.营业执照，如图0-1所示。

二、公司财务工作组织及分工

公司单独设置财务部门，设置会计主管、审核会计、成本会计、资金出纳四个工作岗位，具体分工如下：

李春梅：会计主管，负责组织和领导公司的会计工作、进行全面预算、短期经营决策、长期投资决策；负责审核记账凭证、对账、编制财务报表、编制纳税申报表及纳税申报；负责组织财产清查；负责保管公章；负责组织会计档案的整理和保管等。

统一社会信用代码
911101060911564238

营业执照

名　　称　北京红星皮具有限公司
类　　型　有限责任公司
法定代表人　邓伟丰
经营范围　皮革制品的制造及加工
（以上经营范围涉及许可经营项目的，应在取得有关部门的许可后方可经营）
注册资本　人民币壹仟贰佰万元整
成立日期　2017年07月01日
营业期限　2017年07月01日至2027年06月30日
住　　所　北京市朝阳区科技工业园158号

登记机关
2017年07月01日

国家市场监督管理总局监制

图 0-1　企业营业执照

杜文涛：成本会计，负责核算产品成本、填制成本计算原始凭证、编制成本业务记账凭证、编制成本报表、进行成本分析等。

王秀玲：审核会计，负责审核原始单据、编制除产品成本业务之外的其他业务的记账凭证、保管财务专用章及发票专用章。

杨婷婷：资金出纳，负责办理库存现金、银行存款收款、付款业务；负责保管库存现金、有价证券等；负责登记库存现金、银行存款日记账；负责配合清查人员进行库存现金、银行存款清查，同时负责保管法人章。

三、公司会计核算方法及财务管理制度

1.公司以人民币为记账本位币（核算中金额计算保留至分位），记账文字为中文。会计核算采用科目汇总表账务处理程序。

2.公司为增值税一般纳税人，销售产品增值税税率为13%；公司当期取得的增值税专用发票，按照现行增值税制度规定准予抵扣的，均于当期一次性抵扣。

公司位于北京市区，适用的城市维护建设税税率为7%，教育费附加征收率为3%，地方教育附加征收率为2%。

按规定代扣代缴个人所得税。

企业所得税税率为25%，并假设这一税率适用于未来可预见的期间，公司不享受其他税收优惠政策。企业所得税的核算采用资产负债表债务法。企业所得税缴纳采用按季预缴、按年汇算清缴的方式，公司以前年度的企业所得税假设已进行汇算。

本实训不考虑除上述税费以外的其他税费。

3.公司原材料、周转材料、库存商品采用实际成本法与数量金额式组织日常核算，发出原材料、周转材料、库存商品采用全月一次加权平均法计价。原材料发出业务，于月末根据“领料单”编制“发料凭证汇总表”，汇总进行原材料出库业务的总分类核算。

4.坏账损失的核算。公司应收账款坏账准备采用账龄分析法估计，其他的应收款项不计提坏账准备。不同账龄计提坏账准备的比例：

未到期：0.00%；

逾期 1～90 天，2%；

逾期 91～270 天：4%；

逾期 271～360 天：6%；

逾期 361～540 天：10%；

逾期 541～720 天：12%；

逾期 720 天以上：15%。

5.公司固定资产折旧、无形资产摊销均采用年限平均法。固定资产折旧方法和无形资产摊销方法与税法规定一致。固定资产预计净残值率为 4%，无形资产无净残值。详细信息如表 0-1、表 0-2 所示。

表 0-1　固定资产折旧信息表

固定资产类别	折旧年限/年	年折旧率/%
房屋建筑物	20	4.8
生产设备	10	9.6
运输设备	4	24.0
管理设备	5	19.2

表 0-2　无形资产摊销信息表

无形资产类别	摊销年限/年
土地使用权	30
专利权	10
非专利技术	10

6.公司按有关规定计算缴纳社会保险费和住房公积金。基本社会保险及住房公积金以上一年度职工月平均工资为计提基数，计提比例如下：

基本养老保险为 24%，其中企业承担 16%、个人承担 8%；

医疗保险为 12.8%，其中企业承担 10.8%、个人承担 2%；

失业保险为 1%，其中企业承担 0.8%、个人承担 0.2%；

工伤保险为 0.2%，全部由企业承担；

住房公积金为 24%，其中企业承担 12%、个人承担 12%。

公司由个人承担的社会保险费、住房公积金在缴纳时直接从“应付职工薪酬——短期薪酬（工资）”明细账中冲销，不通过“其他应付款”账户进行核算。个人所得税由公司代扣代缴，通过“应交税费”账户进行核算。

7.公司职工福利费和职工教育经费不预提，按实际发生金额列支；工会经费按应付工资总额的 2%比例计提。工会经费按月划拨给工会专户。

8.公司根据有关规定，每年按当年净利润（扣减以前年度未弥补亏损后）10%的比例计提法定盈余公积，不计提任意盈余公积。

9.公司采用品种法计算产品成本，成本项目为直接材料、直接人工和制造费用。成本计算中各分配率的计算保留四位小数,计算结果保留两位小数。

本月发生的直接材料费以各种产品材料消耗定额耗用量在各种产品之间进行分配,本月发生的直接人工和制造费用按实际生产工时在各种产品之间进行分配。

月末在产品和完工产品之间费用的分配采用约当产量法,原材料在第一道工序开始一次投入,直接人工费用和制造费用的完工程度分工序按定额生产工时计算,月末在产品在本工序的完工程度均为50%。

10.公司所在地具有活跃的房地产市场,房地产公允价值能够可靠计量,投资性房地产采用公允价值模式计量。

11.未列明的其他会计事项,公司根据现行《企业会计准则》的相关规定处理。

12.会计分录中涉及的明细科目以系统内置的为准,所有凭证的科目金额不能以负数表示。

四、2022年3月1日账户余额表(见表0-3)

表 0-3　2022 年 3 月 1 日账户余额表

科目代码	科目名称	初始建账余额		累计借方	累计贷方	期初余额		累计借方数量	累计借方单价	累计贷方数量	累计贷方单价	余额数量	余额单价	是否数量金额
		借	贷			借	贷							
1001	库存现金	27276	0	30000	48007.36	9268.64	0	0	0	0	0	0	0	0
1002	银行存款	1248200	0	5820912	5679623.84	1389488.16	0	0	0	0	0	0	0	0
100201	交通银行北京朝阳支行	1107400	0	5783656	5674367.84	1216688.16	0	0	0	0	0	0	0	0
100202	交通银行北京东城支行	140800	0	37256	5256	172800	0	0	0	0	0	0	0	0
1012	其他货币资金	500000	0	430000	550000	380000	0	0	0	0	0	0	0	0
101201	存出投资款	500000	0	430000	550000	380000	0	0	0	0	0	0	0	0
1101	交易性金融资产	130000	0	550000	130000	550000	0	0	0	0	0	0	0	0
110101	海宁皮城	130000	0	0	130000	0	0	0	0	0	0	0	0	0
11010101	成本	120000	0	0	120000	0	0	0	0	0	0	0	0	0
11010102	公允价值变动	10000	0	0	10000	0	0	0	0	0	0	0	0	0
110102	葵花药业	0	0	550000	0	550000	0	0	0	0	0	0	0	0
11010201	成本	0	0	550000	0	550000	0	0	0	0	0	0	0	0
11010202	公允价值变动	0	0	0	0	0	0	0	0	0	0	0	0	0
110103	科大智能	0	0	0	0	0	0	0	0	0	0	0	0	0
11010301	成本	0	0	0	0	0	0	0	0	0	0	0	0	0
1121	应收票据	900000	0	2250000	1150000	2000000	0	0	0	0	0	0	0	0
112101	北京新世界百货有限公司	500000	0	250000	750000	0	0	0	0	0	0	0	0	0
112102	北京非莫斯皮具有限公司	400000	0	0	400000	0	0	0	0	0	0	0	0	0
112103	北京乐亭皮具商贸有限公司	0	0	800000	0	800000	0	0	0	0	0	0	0	0
112104	北京东方爱格皮具服饰有限公司	0	0	500000	0	500000	0	0	0	0	0	0	0	0

续表

科目代码	科目名称	初始建账余额		累计借方	累计贷方	期初余额		累计借方数量	累计借方单价	累计贷方数量	累计贷方单价	余额数量	余额单价	是否数量金额
		借	贷			借	贷							
112105	北京市王府井百货有限公司	0	0	700000	0	700000	0	0	0	0	0	0	0	0
1122	应收账款	3933816.06	0	7126000	5733816.06	5326000	0	0	0	0	0	0	0	0
112201	北京乐亭皮具商贸有限公司	1400000	0	2200000	2400000	1200000	0	0	0	0	0	0	0	0
112202	北京东方爱格皮具服饰有限公司	1000000	0	1800000	1700000	1100000	0	0	0	0	0	0	0	0
112203	北京鸿丰皮具有限公司	200000	0	0	0	200000	0	0	0	0	0	0	0	0
112204	北京金族世家皮具有限公司	810000	0	500000	810000	500000	0	0	0	0	0	0	0	0
112205	北京香奈皮具有限公司	0	100000	426000	0	326000	0	0	0	0	0	0	0	0
112206	北京施贝嘉皮具有限公司	0	0	500000	0	500000	0	0	0	0	0	0	0	0
112207	北京市王府井百货有限公司	623816.06	0	1200000	823816.06	1000000	0	0	0	0	0	0	0	0
112208	天津市中汇皮具有限公司	0	0	500000	0	500000	0	0	0	0	0	0	0	0
112209	广州巴黎春天百货有限公司	0	0	0	0	0	0	0	0	0	0	0	0	0
1123	预付账款	0	50000	100000	50000	0	0	0	0	0	0	0	0	0
112301	北京飞扬五金有限公司	50000	0	0	50000	0	0	0	0	0	0	0	0	0
112302	北京奇形五金配件有限公司	0	100000	100000	0	0	0	0	0	0	0	0	0	0
112303	北京蜜蜂装修有限公司	0	0	0	0	0	0	0	0	0	0	0	0	0
112304	北京华兴会计师事务所	0	0	0	0	0	0	0	0	0	0	0	0	0
1131	应收股利	0	0	0	0	0	0	0	0	0	0	0	0	0
1132	应收利息	0	0	0	0	0	0	0	0	0	0	0	0	0
1221	其他应收款	13000	0	0	5500	7500	0	0	0	0	0	0	0	0
122101	张勇	5000	0	0	2500	2500	0	0	0	0	0	0	0	0

续表

科目代码	科目名称	初始建账余额		累计借方	累计贷方	期初余额		累计借方数量	累计借方单价	累计贷方数量	累计贷方单价	余额数量	余额单价	是否数量金额
		借	贷			借	贷							
122102	邓伟丰	8000	0	0	3000	5000	0	0	0	0	0	0	0	0
1231	坏账准备	0	7200	0	0	0	7200	0	0	0	0	0	0	0
123101	应收账款	0	7200	0	0	0	7200	0	0	0	0	0	0	0
1401	材料采购	0	0	0	0	0	0	0	0	0	0	0	0	0
1402	在途物资	0	0	0	0	0	0	0	0	0	0	0	0	0
1403	原材料	1152300	0	3605055.78	4010055.78	747300	0	0	0	0	0	0	0	1
140301	荔纹头层牛皮	606000	0	1444237.59	1834237.59	216000	0	80235	18.0001	101902	18	12000	18	1
140302	树皮纹头层牛皮	450000	0	1900363.64	1910363.64	440000	0	86380	22	86835	21.9999	20000	22	1
140303	里布	46000	0	122545.45	134545.45	34000	0	24509	5	26909	5	6800	5	1
140304	3＃拉头	4500	0	6363.64	6363.64	4500	0	21212	0.3	21212	0.3	15000	0.3	1
140305	5＃拉头	7500	0	8727.27	8727.27	7500	0	17455	0.5	17455	0.5	15000	0.5	1
140306	3＃拉链	7200	0	9363.64	9363.64	7200	0	2601	3.6	2601	3.6	2000	3.6	1
140307	5＃拉链	10000	0	10654.55	10654.55	10000	0	2131	4.9998	2131	4.9998	2000	5	1
140308	D字扣	7000	0	48545.45	41545.45	14000	0	24273	2	20773	2	7000	2	1
140309	日字扣	7500	0	32000	29000	10500	0	6400	5	5800	5	2100	5	1
140310	肩带	6600	0	22254.55	25254.55	3600	0	12364	1.7999	14030	1.8	2000	1.8	1
1404	材料成本差异	0	0	0	0	0	0	0	0	0	0	0	0	0
1405	库存商品	1907859.37	0	6612112.37	6922691.74	1597280	0	0	0	0	0	0	0	1
140501	H113 单肩女包	468876.9	0	1427389.6	1585866.5	310400	0	4461	319.9708	4956	319.9892	970	320	1
140502	H213 挎包	514286.37	0	1517129.08	1734415.45	297000	0	4597	330.0259	5256	329.9877	900	330	1

续表

科目代码	科目名称	初始建账余额		累计借方	累计贷方	期初余额		累计借方数量	累计借方单价	累计贷方数量	累计贷方单价	余额数量	余额单价	是否数量金额
		借	贷			借	贷							
140503	M115 大号背包	623136.09	0	1694671.1	1807807.19	510000	0	2824	600.096	3013	600.0024	850	600	1
140504	M215 中号背包	301560.01	0	1972922.59	1794602.6	479880	0	3536	557.9532	3216	558.0232	860	558	1
1406	发出商品	0	0	0	0	0	0	0	0	0	0	0	0	0
1407	商品进销差价	0	0	0	0	0	0	0	0	0	0	0	0	0
1408	委托加工物资	0	0	0	0	0	0	0	0	0	0	0	0	0
1411	周转材料	5000	0	140846	125846	20000	0	0	0	0	0	0	0	1
141101	纸袋	5000	0	25610	10610	20000	0	12805	2	5305	2	10000	2	1
1471	存货跌价准备	0	0	0	0	0	0	0	0	0	0	0	0	0
1472	合同资产	0	0	0	0	0	0	0	0	0	0	0	0	0
1473	合同资产减值准备	0	0	0	0	0	0	0	0	0	0	0	0	0
1481	持有待售资产	0	0	0	0	0	0	0	0	0	0	0	0	0
1482	持有待售资产减值准备	0	0	0	0	0	0	0	0	0	0	0	0	0
1501	债权投资	0	0	0	0	0	0	0	0	0	0	0	0	0
1502	债权投资减值准备	0	0	0	0	0	0	0	0	0	0	0	0	0
1503	其他债权投资	0	0	0	0	0	0	0	0	0	0	0	0	0
1511	长期股权投资	600000	0	0	0	600000	0	0	0	0	0	0	0	0
151101	北京市奇特机械设备有限公司	600000	0	0	0	600000	0	0	0	0	0	0	0	0
15110101	成本	450000	0	0	0	450000	0	0	0	0	0	0	0	0
15110102	损益调整	50000	0	0	0	50000	0	0	0	0	0	0	0	0
15110103	其他综合收益	100000	0	0	0	100000	0	0	0	0	0	0	0	0

续表

科目代码	科目名称	初始建账余额		累计借方	累计贷方	期初余额		累计借方数量	累计借方单价	累计贷方数量	累计贷方单价	余额数量	余额单价	是否数量金额
		借	贷			借	贷							
1512	长期股权投资减值准备	0	0	0	0	0	0	0	0	0	0	0	0	0
1513	其他权益工具投资	0	0	0	0	0	0	0	0	0	0	0	0	0
1521	投资性房地产	0	0	0	0	0	0	0	0	0	0	0	0	0
152101	成本	0	0	0	0	0	0	0	0	0	0	0	0	0
152102	公允价值变动	0	0	0	0	0	0	0	0	0	0	0	0	0
1522	投资性房地产累计折旧	0	0	0	0	0	0	0	0	0	0	0	0	0
1523	投资性房地产减值准备	0	0	0	0	0	0	0	0	0	0	0	0	0
1531	长期应收款	0	0	0	0	0	0	0	0	0	0	0	0	0
1532	未实现融资收益	0	0	0	0	0	0	0	0	0	0	0	0	0
1601	固定资产	4468600	0	0	0	4468600	0	0	0	0	0	0	0	0
160101	房屋建筑物	3000000	0	0	0	3000000	0	0	0	0	0	0	0	0
160102	生产设备	1064000	0	0	0	1064000	0	0	0	0	0	0	0	0
160103	运输设备	256600	0	0	0	256600	0	0	0	0	0	0	0	0
160104	管理设备	148000	0	0	0	148000	0	0	0	0	0	0	0	0
1602	累计折旧	0	1299136	0	45760	0	1344896	0	0	0	0	0	0	0
160201	房屋建筑物	0	508800	0	24000	0	532800	0	0	0	0	0	0	0
160202	生产设备	0	425600	0	17024	0	442624	0	0	0	0	0	0	0
160203	运输设备	0	246336	0	0	0	246336	0	0	0	0	0	0	0
160204	管理设备	0	118400	0	4736	0	123136	0	0	0	0	0	0	0
1603	固定资产减值准备	0	0	0	0	0	0	0	0	0	0	0	0	0

续表

科目代码	科目名称	初始建账余额		累计借方	累计贷方	期初余额		累计借方数量	累计借方单价	累计贷方数量	累计贷方单价	余额数量	余额单价	是否数量金额
		借	贷			借	贷							
1604	在建工程	0	0	0	0	0	0	0	0	0	0	0	0	0
160401	2#厂房	0	0	0	0	0	0	0	0	0	0	0	0	0
16040101	勘察费	0	0	0	0	0	0	0	0	0	0	0	0	0
16040102	设计费	0	0	0	0	0	0	0	0	0	0	0	0	0
16040103	材料费	0	0	0	0	0	0	0	0	0	0	0	0	0
16040104	利息费用	0	0	0	0	0	0	0	0	0	0	0	0	0
160402	设备	0	0	0	0	0	0	0	0	0	0	0	0	0
1605	工程物资	0	0	0	0	0	0	0	0	0	0	0	0	0
1606	固定资产清理	0	0	0	0	0	0	0	0	0	0	0	0	0
1621	生产性生物资产	0	0	0	0	0	0	0	0	0	0	0	0	0
1622	生产性生物资产累计折旧	0	0	0	0	0	0	0	0	0	0	0	0	0
1631	油气资产	0	0	0	0	0	0	0	0	0	0	0	0	0
1632	累计折耗	0	0	0	0	0	0	0	0	0	0	0	0	0
1641	使用权资产	0	0	0	0	0	0	0	0	0	0	0	0	0
1701	无形资产	2950000	0	0	0	2950000	0	0	0	0	0	0	0	0
170101	土地使用权 A	2100000	0	0	0	2100000	0	0	0	0	0	0	0	0
170102	商标权	500000	0	0	0	500000	0	0	0	0	0	0	0	0
170103	自主研发(非专利技术)	350000	0	0	0	350000	0	0	0	0	0	0	0	0
1702	累计摊销	0	585833.42	0	25833.34	0	611666.76	0	0	0	0	0	0	0
170201	土地使用权 A	0	297499.83	0	11666.66	0	309166.49	0	0	0	0	0	0	0

续表

科目代码	科目名称	初始建账余额		累计借方	累计贷方	期初余额		累计借方数量	累计借方单价	累计贷方数量	累计贷方单价	余额数量	余额单价	是否数量金额
		借	贷			借	贷							
170202	商标权	0	212500.17	0	8333.34	0	220833.51	0	0	0	0	0	0	0
170203	自主研发(非专利技术)	0	75833.42	0	5833.34	0	81666.76	0	0	0	0	0	0	0
1703	无形资产减值准备	0	0	0	0	0	0	0	0	0	0	0	0	0
1711	商誉	0	0	0	0	0	0	0	0	0	0	0	0	0
1801	长期待摊费用	0	0	0	0	0	0	0	0	0	0	0	0	0
1811	递延所得税资产	612388.93	0	0	0	612388.93	0	0	0	0	0	0	0	0
181101	应收账款	2155	0	0	0	2155	0	0	0	0	0	0	0	0
181102	可弥补亏损	610233.93	0	0	0	610233.93	0	0	0	0	0	0	0	0
1901	待处理财产损溢	0	0	0	0	0	0	0	0	0	0	0	0	0
2001	短期借款	0	1000000	0	0	0	1000000	0	0	0	0	0	0	0
200101	交通银行北京东城支行	0	1000000	0	0	0	1000000	0	0	0	0	0	0	0
2101	交易性金融负债	0	0	0	0	0	0	0	0	0	0	0	0	0
2201	应付票据	0	0	0	0	0	0	0	0	0	0	0	0	0
2202	应付账款	0	2519233.93	2396600	1472600	0	1595233.93	0	0	0	0	0	0	0
220201	北京汉森皮革贸易有限公司	0	2169233.93	1878600	1234600	0	1525233.93	0	0	0	0	0	0	0
220202	北京市金洲五金有限公司	0	250000	390000	200000	0	60000	0	0	0	0	0	0	0
220203	北京市春花丝印有限公司	0	100000	128000	38000	0	10000	0	0	0	0	0	0	0
220204	北京市德润物流有限公司	0	0	0	0	0	0	0	0	0	0	0	0	0
220205	北京正阳实业有限公司	0	0	0	0	0	0	0	0	0	0	0	0	0
2203	预收账款	0	0	0	0	0	0	0	0	0	0	0	0	0

续表

科目代码	科目名称	初始建账余额		累计借方	累计贷方	期初余额		累计借方数量	累计借方单价	累计贷方数量	累计贷方单价	余额数量	余额单价	是否数量金额
		借	贷			借	贷							
220301	北京博深皮具有限公司	0	0	0	0	0	0	0	0	0	0	0	0	0
2204	合同负债	0	0	0	0	0	0	0	0	0	0	0	0	0
2211	应付职工薪酬	0	518297.92	1663170.98	1686674.14	0	541801.08	0	0	0	0	0	0	0
221101	短期薪酬	0	518297.92	1428818.18	1452321.34	0	541801.08	0	0	0	0	0	0	0
22110101	工资	0	505759.7	1132516.8	1154995.78	0	528238.68	0	0	0	0	0	0	0
22110102	医疗保险	0	0	127828.8	127828.8	0	0	0	0	0	0	0	0	0
22110103	工伤保险	0	0	2367.2	2367.2	0	0	0	0	0	0	0	0	0
22110104	生育保险	0	0	0	0	0	0	0	0	0	0	0	0	0
22110105	住房公积金	0	0	142032	142032	0	0	0	0	0	0	0	0	0
22110106	工会经费	0	12538.22	24073.38	25097.56	0	13562.4	0	0	0	0	0	0	0
22110107	职工福利费	0	0	0	0	0	0	0	0	0	0	0	0	0
22110108	职工教育经费	0	0	0	0	0	0	0	0	0	0	0	0	0
221102	离职后福利	0	0	234352.8	234352.8	0	0	0	0	0	0	0	0	0
22110201	养老保险	0	0	224884	224884	0	0	0	0	0	0	0	0	0
22110202	失业保险	0	0	9468.8	9468.8	0	0	0	0	0	0	0	0	0
2221	应交税费	0	486101.17	939880.44	620720.51	0	166941.24	0	0	0	0	0	0	0
222101	应交增值税	0	0	0	0	0	0	0	0	0	0	0	0	0
22210101	进项税额	23201684.1	0	771554.81	0	23973238.91	0	0	0	0	0	0	0	0
22210102	销项税额抵减	0	0	0	0	0	0	0	0	0	0	0	0	0
22210103	已交税金	0	0	0	0	0	0	0	0	0	0	0	0	0

续表

科目代码	科目名称	初始建账余额		累计借方	累计贷方	期初余额		累计借方数量	累计借方单价	累计贷方数量	累计贷方单价	余额数量	余额单价	是否数量金额
		借	贷			借	贷							
22210104	转出未交增值税	4698252.54	0	546983.54	0	5245236.08	0	0	0	0	0	0	0	0
22210105	减免税款	0	0	0	0	0	0	0	0	0	0	0	0	0
22210106	出口抵减内销产品应纳税额	0	0	0	0	0	0	0	0	0	0	0	0	0
22210107	销项税额	0	27899936.64	0	1318538.35	0	29218474.99	0	0	0	0	0	0	0
22210108	出口退税	0	0	0	0	0	0	0	0	0	0	0	0	0
22210109	进项税额转出	0	0	0	0	0	0	0	0	0	0	0	0	0
22210110	转出多交增值税	0	0	0	0	0	0	0	0	0	0	0	0	0
222102	未交增值税	0	158900	559648.54	546983.54	0	146235	0	0	0	0	0	0	0
222103	预交增值税	0	0	0	0	0	0	0	0	0	0	0	0	0
222104	待抵扣进项税额	0	0	0	0	0	0	0	0	0	0	0	0	0
222105	待认证进项税额	0	0	0	0	0	0	0	0	0	0	0	0	0
222106	待转销项税额	0	0	0	0	0	0	0	0	0	0	0	0	0
222107	简易计税	0	0	0	0	0	0	0	0	0	0	0	0	0
222108	转让金融商品应交增值税	0	0	577.36	577.36	0	0	0	0	0	0	0	0	0
222109	代扣代交增值税	0	0	0	0	0	0	0	0	0	0	0	0	0
222110	应交所得税	0	303671.17	303671.17	0	0	0	0	0	0	0	0	0	0
222111	应交消费税	0	0	0	0	0	0	0	0	0	0	0	0	0
222112	应交资源税	0	0	0	0	0	0	0	0	0	0	0	0	0
222113	应交土地增值税	0	0	0	0	0	0	0	0	0	0	0	0	0
222114	应交城市维护建设税	0	11123	39215.81	38329.26	0	10236.45	0	0	0	0	0	0	0

续表

科目代码	科目名称	初始建账余额		累计借方	累计贷方	期初余额		累计借方数量	累计借方单价	累计贷方数量	累计贷方单价	余额数量	余额单价	是否数量金额
		借	贷			借	贷							
222115	应交教育费附加	0	4767	16806.78	16426.83	0	4387.05	0	0	0	0	0	0	0
222116	应交地方教育费附加	0	3178	11204.52	10951.22	0	2924.7	0	0	0	0	0	0	0
222117	应交房产税	0	0	0	0	0	0	0	0	0	0	0	0	0
222118	应交土地使用税	0	0	0	0	0	0	0	0	0	0	0	0	0
222119	应交车船税	0	0	0	0	0	0	0	0	0	0	0	0	0
222120	应交个人所得税	0	4462	8756.26	7452.3	0	3158.04	0	0	0	0	0	0	0
2231	应付利息	0	0	0	20000	0	20000	0	0	0	0	0	0	0
2232	应付股利	0	0	0	0	0	0	0	0	0	0	0	0	0
2241	其他应付款	0	0	0	0	0	0	0	0	0	0	0	0	0
224101	北京博深皮具有限公司	0	0	0	0	0	0	0	0	0	0	0	0	0
2251	持有待售负债	0	0	0	0	0	0	0	0	0	0	0	0	0
2401	递延收益	0	0	0	0	0	0	0	0	0	0	0	0	0
2501	长期借款	0	0	0	0	0	0	0	0	0	0	0	0	0
2502	应付债券	0	0	0	0	0	0	0	0	0	0	0	0	0
2503	租赁负债	0	0	0	0	0	0	0	0	0	0	0	0	0
2701	长期应付款	0	0	0	0	0	0	0	0	0	0	0	0	0
2702	未确认融资费用	0	0	0	0	0	0	0	0	0	0	0	0	0
2711	专项应付款	0	0	0	0	0	0	0	0	0	0	0	0	0
2801	预计负债	0	0	0	0	0	0	0	0	0	0	0	0	0
2901	递延所得税负债	0	0	0	0	0	0	0	0	0	0	0	0	0

续表

科目代码	科目名称	初始建账余额		累计借方	累计贷方	期初余额		累计借方数量	累计借方单价	累计贷方数量	累计贷方单价	余额数量	余额单价	是否数量金额
		借	贷			借	贷							
3101	衍生工具	0	0	0	0	0	0	0	0	0	0	0	0	0
4001	实收资本	0	12000000	0	0	0	12000000	0	0	0	0	0	0	0
4002	资本公积	0	0	0	0	0	0	0	0	0	0	0	0	0
400201	资本溢价	0	0	0	0	0	0	0	0	0	0	0	0	0
400202	其他资本公积	0	0	0	0	0	0	0	0	0	0	0	0	0
4003	其他综合收益	0	100000	0	0	0	100000	0	0	0	0	0	0	0
4101	盈余公积	0	123816.06	0	0	0	123816.06	0	0	0	0	0	0	0
410101	法定盈余公积	0	123816.06	0	0	0	123816.06	0	0	0	0	0	0	0
4103	本年利润	0	0	0	2503885.09	0	2503885.09	0	0	0	0	0	0	0
4104	利润分配	0	1114344.52	0	0	0	1114344.52	0	0	0	0	0	0	0
410401	未分配利润	0	1114344.52	0	0	0	1114344.52	0	0	0	0	0	0	0
410402	提取法定盈余公积	0	0	0	0	0	0	0	0	0	0	0	0	0
4201	库存股	0	0	0	0	0	0	0	0	0	0	0	0	0
4301	专项储备	0	0	0	0	0	0	0	0	0	0	0	0	0
4401	其他权益工具	0	0	0	0	0	0	0	0	0	0	0	0	0
5001	生产成本	1355522.66	0	5561383.46	6612112.37	304793.75	0	0	0	0	0	0	0	0
500101	H113 单肩女包	286083.34	0	1199188.01	1427389.6	57881.75	0	0	0	0	0	0	0	0
50010101	直接材料	214562.5	0	845160.23	1012080.73	47642	0	0	0	0	0	0	0	0
50010102	直接人工	57216.67	0	301210.67	350299.09	8128.25	0	0	0	0	0	0	0	0
50010103	制造费用	14304.17	0	52817.11	65009.78	2111.5	0	0	0	0	0	0	0	0

续表

科目代码	科目名称	初始建账余额		累计借方	累计贷方	期初余额		累计借方数量	累计借方单价	累计贷方数量	累计贷方单价	余额数量	余额单价	是否数量金额
		借	贷			借	贷							
500102	H213 挎包	312750	0	1291613.08	1517129.08	87234	0	0	0	0	0	0	0	0
50010201	直接材料	234562.5	0	929441.54	1094554.04	69450	0	0	0	0	0	0	0	0
50010202	直接人工	62550	0	303746.83	352016.83	14280	0	0	0	0	0	0	0	0
50010203	制造费用	15637.5	0	58424.71	70558.21	3504	0	0	0	0	0	0	0	0
500103	M115 大号背包	385056	0	1391705.6	1694671.1	82090.5	0	0	0	0	0	0	0	0
50010301	直接材料	288792	0	1017502.86	1237996.86	68298	0	0	0	0	0	0	0	0
50010302	直接人工	77011.2	0	313250.1	379843.8	10417.5	0	0	0	0	0	0	0	0
50010303	制造费用	19252.8	0	60952.64	76830.44	3375	0	0	0	0	0	0	0	0
500104	M215 中号背包	371633.32	0	1678876.77	1972922.59	77587.5	0	0	0	0	0	0	0	0
50010401	直接材料	278725	0	1210381.1	1424186.1	64920	0	0	0	0	0	0	0	0
50010402	直接人工	74326.67	0	394748.53	459205.2	9870	0	0	0	0	0	0	0	0
50010403	制造费用	18581.65	0	73747.14	89531.29	2797.5	0	0	0	0	0	0	0	0
5101	制造费用	0	0	238569.6	238569.6	0	0	0	0	0	0	0	0	0
510101	职工薪酬	0	0	153587.6	153587.6	0	0	0	0	0	0	0	0	0
510102	职工教育经费	0	0	4066	4066	0	0	0	0	0	0	0	0	0
510103	水电费	0	0	51092	51092	0	0	0	0	0	0	0	0	0
510104	折旧费	0	0	29824	29824	0	0	0	0	0	0	0	0	0
510105	设计费	0	0	7372	7372	0	0	0	0	0	0	0	0	0
5201	劳务成本	0	0	0	0	0	0	0	0	0	0	0	0	0
5301	研发支出	0	0	173340.5	6175.3	167165.2	0	0	0	0	0	0	0	0

续表

科目代码	科目名称	初始建账余额		累计借方	累计贷方	期初余额		累计借方数量	累计借方单价	累计贷方数量	累计贷方单价	余额数量	余额单价	是否数量金额
		借	贷			借	贷							
530101	费用化支出	0	0	6175.3	6175.3	0	0	0	0	0	0	0	0	0
530102	资本化支出	0	0	167165.2	0	167165.2	0	0	0	0	0	0	0	0
5401	工程施工	0	0	0	0	0	0	0	0	0	0	0	0	0
5402	工程结算	0	0	0	0	0	0	0	0	0	0	0	0	0
5403	机械作业	0	0	0	0	0	0	0	0	0	0	0	0	0
5404	应收退货成本	0	0	0	0	0	0	0	0	0	0	0	0	0
5405	合同履约成本	0	0	0	0	0	0	0	0	0	0	0	0	0
5406	合同履约成本减值准备	0	0	0	0	0	0	0	0	0	0	0	0	0
5407	合同取得成本	0	0	0	0	0	0	0	0	0	0	0	0	0
5408	合同取得成本减值准备	0	0	0	0	0	0	0	0	0	0	0	0	0
6001	主营业务收入	0	0	10142602.67	10142602.67	0	0	0	0	0	0	0	0	0
600101	H113 单肩女包	0	0	2301333.08	2301333.08	0	0	0	0	0	0	0	0	0
600102	H213 挎包	0	0	2560639.15	2560639.15	0	0	0	0	0	0	0	0	0
600103	M115 大号背包	0	0	2673549.52	2673549.52	0	0	0	0	0	0	0	0	0
600104	M215 中号背包	0	0	2607080.92	2607080.92	0	0	0	0	0	0	0	0	0
6051	其他业务收入	0	0	0	0	0	0	0	0	0	0	0	0	0
6101	公允价值变动损益	0	0	0	0	0	0	0	0	0	0	0	0	0
6111	投资收益	0	0	1177.6	1177.6	0	0	0	0	0	0	0	0	0
611101	债务重组损益	0	0	1177.6	1177.6	0	0	0	0	0	0	0	0	0
611102	出售金融资产损益	0	0	0	0	0	0	0	0	0	0	0	0	0

续表

科目代码	科目名称	初始建账余额		累计借方	累计贷方	期初余额		累计借方数量	累计借方单价	累计贷方数量	累计贷方单价	余额数量	余额单价	是否数量金额
		借	贷			借	贷							
611103	交易手续费	0	0	0	0	0	0	0	0	0	0	0	0	0
611104	其他收益	0	0	0	0	0	0	0	0	0	0	0	0	0
611105	出售股权收益	0	0	0	0	0	0	0	0	0	0	0	0	0
6112	资产处置损益	0	0	0	0	0	0	0	0	0	0	0	0	0
6113	其他收益	0	0	0	0	0	0	0	0	0	0	0	0	0
6301	营业外收入	0	0	0	0	0	0	0	0	0	0	0	0	0
6401	主营业务成本	0	0	6922691.74	6922691.74	0	0	0	0	0	0	0	0	0
640101	H113 单肩女包	0	0	1585866.5	1585866.5	0	0	0	0	0	0	0	0	0
640102	H213 挎包	0	0	1734415.45	1734415.45	0	0	0	0	0	0	0	0	0
640103	M115 大号背包	0	0	1807807.19	1807807.19	0	0	0	0	0	0	0	0	0
640104	M215 中号背包	0	0	1794602.6	1794602.6	0	0	0	0	0	0	0	0	0
6402	其他业务成本	0	0	0	0	0	0	0	0	0	0	0	0	0
6403	税金及附加	0	0	65707.31	65707.31	0	0	0	0	0	0	0	0	0
640301	城市维护建设税	0	0	38329.26	38329.26	0	0	0	0	0	0	0	0	0
640302	教育费附加	0	0	16426.83	16426.83	0	0	0	0	0	0	0	0	0
640303	地方教育费附加	0	0	10951.22	10951.22	0	0	0	0	0	0	0	0	0
6601	销售费用	0	0	243251.31	243251.31	0	0	0	0	0	0	0	0	0
660101	职工薪酬	0	0	185516	185516	0	0	0	0	0	0	0	0	0
660102	职工教育经费	0	0	3000	3000	0	0	0	0	0	0	0	0	0
660103	业务宣传费	0	0	27644.8	27644.8	0	0	0	0	0	0	0	0	0

续表

科目代码	科目名称	初始建账余额		累计借方	累计贷方	期初余额		累计借方数量	累计借方单价	累计贷方数量	累计贷方单价	余额数量	余额单价	是否数量金额
		借	贷			借	贷							
660104	运费	0	0	14791.51	14791.51	0	0	0	0	0	0	0	0	0
660105	水电费	0	0	889	889	0	0	0	0	0	0	0	0	0
660106	折旧费	0	0	800	800	0	0	0	0	0	0	0	0	0
660107	包装物	0	0	10610	10610	0	0	0	0	0	0	0	0	0
6602	管理费用	0	0	375766.12	375766.12	0	0	0	0	0	0	0	0	0
660201	职工薪酬	0	0	269613.6	269613.6	0	0	0	0	0	0	0	0	0
660202	职工教育经费	0	0	8000	8000	0	0	0	0	0	0	0	0	0
660203	办公费	0	0	3500	3500	0	0	0	0	0	0	0	0	0
660204	通讯费	0	0	3200	3200	0	0	0	0	0	0	0	0	0
660205	维修费	0	0	3890	3890	0	0	0	0	0	0	0	0	0
660206	业务招待费	0	0	5600	5600	0	0	0	0	0	0	0	0	0
660207	差旅费	0	0	8520	8520	0	0	0	0	0	0	0	0	0
660208	车辆费用	0	0	8500	8500	0	0	0	0	0	0	0	0	0
660209	水电费	0	0	4961.88	4961.88	0	0	0	0	0	0	0	0	0
660210	折旧费	0	0	13056	13056	0	0	0	0	0	0	0	0	0
660211	无形资产摊销	0	0	25833.34	25833.34	0	0	0	0	0	0	0	0	0
660212	盈亏	0	0	0	0	0	0	0	0	0	0	0	0	0
660213	研发支出	0	0	6175.3	6175.3	0	0	0	0	0	0	0	0	0
660214	审计费	0	0	14916	14916	0	0	0	0	0	0	0	0	0
6603	财务费用	0	0	20123.5	20123.5	0	0	0	0	0	0	0	0	0

续表

科目代码	科目名称	初始建账余额		累计借方	累计贷方	期初余额		累计借方数量	累计借方单价	累计贷方数量	累计贷方单价	余额数量	余额单价	是否数量金额
		借	贷			借	贷							
660301	手续费	0	0	123.5	123.5	0	0	0	0	0	0	0	0	0
660302	利息收入	0	0	0	0	0	0	0	0	0	0	0	0	0
660303	利息支出	0	0	20000	20000	0	0	0	0	0	0	0	0	0
660304	现金折扣	0	0	0	0	0	0	0	0	0	0	0	0	0
6604	勘探费用	0	0	0	0	0	0	0	0	0	0	0	0	0
6701	资产减值损失	0	0	0	0	0	0	0	0	0	0	0	0	0
6702	信用减值损失	0	0	0	0	0	0	0	0	0	0	0	0	0
6711	营业外支出	0	0	10000	10000	0	0	0	0	0	0	0	0	0
6801	所得税费用	0	0	0	0	0	0	0	0	0	0	0	0	0
6901	以前年度损益调整	0	0	0	0	0	0	0	0	0	0	0	0	0

实训任务

TASK FOR PRACTICAL TRAINING

项目一　资金管理实训任务

知识目标、技能目标与素质目标

模块	知识目标	技能目标	素质目标
银行单据填写	掌握支票的概念、特点及填写要点；掌握商业汇票的概念与特点、贴现的概念及核算；熟悉贴现的申请流程、贴现凭证的内容及填写要点；熟悉银行进账单的概念、特点及填写要点。	掌握签发支票、填制银行承兑汇票贴现凭证、贴现利息、实际贴现金额的核算、填写银行进账单。	培养认真、仔细、诚实、守信的工作态度；具备遵纪守法、清正廉洁的职业道德；树立正确的金钱观、价值观。
在线单据整理	熟悉原始凭证的概念、分类；熟悉款项收付业务、固定资产业务、成本费用业务原始单据的类型、概念、特点及整理注意事项。	熟悉整理款项收付业务、固定资产业务、成本费用业务的原始单据。	
网银支付业务	熟悉网银支付的概念、业务类型、操作流程及操作要点。	掌握网银支付操作。	

本项目主要参考法规索引

1.银发〔1997〕393 号中国人民银行关于印发《支付结算办法》的通知及附件一“正确填写票据和结算凭证的基本规定”；

2.财会〔2008〕7 号企业内部控制基本规范；

3.财会〔2010〕11 号企业内部控制应用指引第 6 号——资金活动。

资金管理是对企业资金来源和资金使用进行计划、控制、监督、考核等项工作的总称，包括：账户管理、结算管理、筹资管理、投资管理、票据管理、资金信息管理、资金流动动态监控等。本项目涉及的主要经济业务是结算管理业务、票据管理业务和筹资管理业务。

模块一　银行单据填写

任务 1　支票签发

任务描述:签发转账支票

例:21 日,支付广告费,签发转账支票(支付密码:1155-6526-3977-8622)。根据付款申请书(见图 1-1),签发转账支票(见图 1-2、图 1-3),其中图 1-2 为转账支票正面,图 1-3 为转账支票背面。

付款申请书

2022 年 03 月 21 日

用途及情况	金额											收款单位(人):北京飞扬广告有限公司	
支付广告费	亿	千	百	十	万	千	百	十	元	角	分	账 号:110002069057833269902	
				¥	3	1	8	0	0	0	0	开户行:交通银行北京朝阳支行	
金额(大写)合计:	人民币 叁万壹仟捌佰元整											结算方式:转账	
总经理	郑伟丰	财务部门	经 理	李春梅			业务部门					经 理	张凤霞
			会 计	王秀玲								经 办 人	张勇

图 1-1　付款申请书

交通银行
转账支票存根
30108020
00023338
附加信息
出票日期 2022年 03月 21日
收款人:北京飞扬广告有限公司
金　额:¥31800.00
用　途:广告费
单位主管　　会计

交通银行 转账支票　30108020
00023338
出票日期(大写) 贰零贰贰年　零叁　月　贰拾壹日　付款行名称:交通银行北京朝阳支行
收款人:北京飞扬广告有限公司　出票人账号:110002049052486154477
付款期限自出票之日起十天
人民币(大写) 叁万壹仟捌佰元整　亿 千 百 十 万 千 百 十 元 角 分　¥ 3 1 8 0 0 0 0
用途 广告费　密码 1155-6526-3977-8622
上列款项请从　行号
我账户内支付
出票人签章　复核　记账

图 1-2　转账支票正面

附加信息：	被背书人	被背书人
	背书人签章 年 月 日	背书人签章 年 月 日

（贴粘单处）

根据《中华人民共和国票据法》等法律法规的规定，签发空头支票由中国人民银行按票面金额处以5%但不低于1000元的罚款。

图 1-3 转账支票背面

知识解读：银行转账支票——出票及签发

转账支票是由单位签发的，通知银行从其账户上支取款项的凭证。转账支票只能用于转账，不能提取现金。它适用于各单位之间的商品交易、劳务供应和其他经济往来的款项结算。转账支票由付款单位签发后交收款单位，不准委托收款单位代签；不准签发空头支票和远期支票；不准出租出借支票。各单位使用转账支票必须遵守银行的有关规定：

(1)客户应在其存款账户的余额内签发支票。如透支银行予以退票，并按票面金额处以 5%但不低于 1000 元的罚款。

(2)“出票人签章”栏应加盖预留银行印鉴，缺漏印章或印鉴不符时，银行予以退票，并按票面金额处以 5%但不低于 1000 元的罚款。

(3)转账支票的权力时效为自出票日起六个月，在票据开出六个月内，收款人可持有关证明文件向付款人请求付款。

(4)受票人如果发现支票填写不全，可以补记，但不能涂改。

(5)支票正面不能有涂改痕迹，否则本支票作废。

(6)转账支票的收款人名称、金额可以由出票人授权补记，未补记的不得背书转让和提示付款。

(7)转账支票提示付款期限为 10 日，超过付款期的支票，银行不予受理；支票的有效期为 10 天，日期首尾算一天，节假日顺延。

(8)开出转账支票用以支付时无须在支票背面做背书，收到支票用于银行进账时才需要在背面填写背书信息。

(9)收款人或持票人持转账支票委托自己的开户银行收款时，应做成委托收款背书，在转账支票背面“背书人签章”处签章，注明委托收款字样。

(10)收款单位转账支票背面印章盖模糊了(此时票据法规定是不能以重新盖章方法来补救的)，收款单位可带转账支票及银行进账单到出票单位的开户银行履行收款手续(不用付手续费)，俗称“倒打”，这样就用不着到出票单位重新开支票了。

实训指导：如何正确填写支票

支票填写时应注意以下几点：

(1)转账支票收款人应填写为对方单位名称。转账支票背面本单位不盖章。

(2)收款单位取得转账支票后,在支票背面"被背书人"栏内加盖收款单位财务专用章和法人章,填写好银行进账单后连同该支票交给收款单位的开户银行委托银行收款。

(3)支票正面填写清晰,不得涂改。

(4)日期填写正确。

(5)支票的各项内容填写齐全。

(6)支票大小写金额填写正确,两者相符。大写金额:壹、贰、叁、肆、伍、陆、柒、捌、玖、拾、佰、仟、万、亿等,一律用正楷或行书书写。

易错点解析

关于支票日期的填写:(1)月为壹、贰和壹拾的,应在其前加"零"。(2)日为壹至玖和壹拾、贰拾和叁拾的,应在其前加"零";日为壹拾至拾玖的,应在其前加"壹"。

资源导航

扫一扫,查看转账支票填写

任务描述:签发现金支票

例:1 日,提现备用,签发现金支票(密码:3255-1502-7708-6822)。原始凭证提现申请单(见图 1-4),根据提现申请单填制现金支票正面(见图 1-5)、现金支票背面(见图 1-6)。

提现申请单

2022 年 03 月 01 日

收款单位	北京红星皮具有限公司		
地址	北京市朝阳区科技工业园158号	联系电话	010-59466497
收款人开户行	交通银行北京朝阳支行	开户账号	110002049052486154477
内容	提取备用金		
大写	人民币 贰万元整 ¥ 20000.00		

审批:邓伟丰　　审核:李春梅　　经办人:杨婷婷

图 1-4　提现申请单

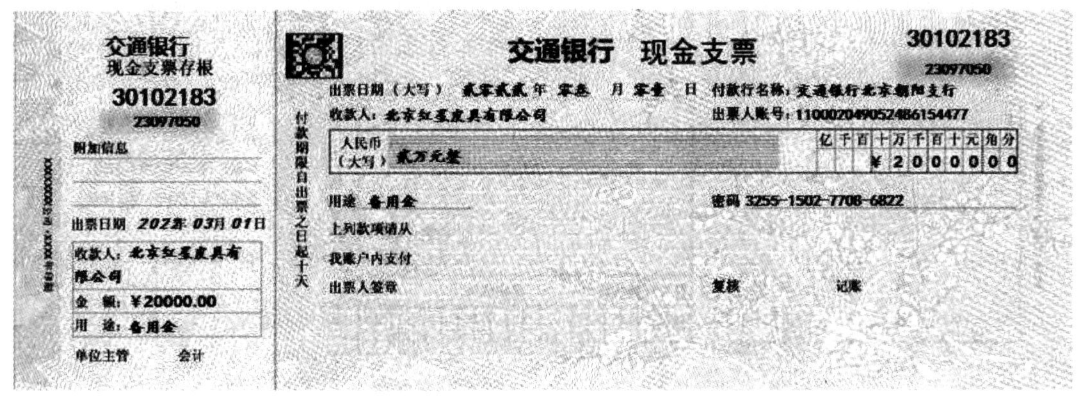

交通银行
现金支票存根
30102183
23097050
附加信息
出票日期 2022年 03月 01日
收款人：北京红星皮具有限公司
金 额：¥20000.00
用 途：备用金
单位主管 会计

交通银行 现金支票 30102183 23097050
付款期限自出票之日起十天
出票日期（大写） 贰零贰贰 年 零叁 月 零壹 日 付款行名称：交通银行北京朝阳支行
收款人：北京红星皮具有限公司 出票人账号：110002049052486154477
人民币（大写） 贰万元整

亿	千	百	十	万	千	百	十	元	角	分
			¥	2	0	0	0	0	0	0

用途 备用金 密码 3255-1502-7708-6822
上列款项请从
我账户内支付
出票人签章 复核 记账

图 1-5 现金支票正面

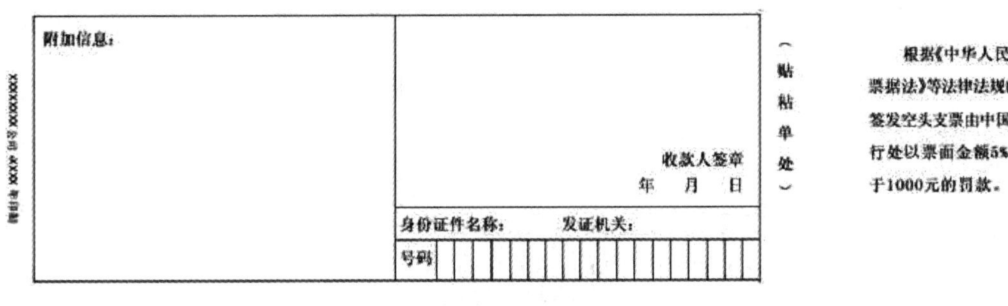

附加信息：
收款人签章
年 月 日
身份证件名称： 发证机关：
号码
（粘贴单处）
根据《中华人民共和国票据法》等法律法规的规定，签发空头支票由中国人民银行处以票面金额5%但不低于1000元的罚款。

图 1-6 现金支票背面

知识解读：现金支票——出票及签发

现金支票是存款人用以向银行提取或支付给收款人现金的一种支票。中国现金管理制度和结算办法规定，在银行开户的各国有企业、事业、机关、团体等单位，只能在允许使用现金的范围内使用现金支票，并应写明款项用途，接受银行的监督。

现金支票与转账支票的区别主要在于：

(1)使用方式不同。现金支票可以直接提取现金，不得用于转账；转账支票只能将公司账面上的钱转到其他公司或者个人的账户上，是不能直接提取现金的。

(2)服务对象不同。现金支票是针对所有在银行开立可以使用现金收付存款账户的单位和个人；转账支票是针对所有在银行开立存款账户的单位和个人。

(3)用途不同。现金支票是在银行开立基本存款账户或临时存款账户的客户，需要支用工资、差旅费、备用金等均可以使用，向开户银行提取现金。转账支票适用于各单位之间的商品交易、劳务供应和其他经济往来的款项结算。

(4)背书方式不同。现金支票不能背书转让。转账支票可以背书转让给其他债权人。

(5)收款方式不同。现金支票仅限于收款人向付款人(出票人开户行)提示付款。收款人或持票人持转账支票委托自己的开户银行收款或到出票人开户行提示付款。

(6)背面印章模糊的处理方式不同。出票单位现金支票背面有印章盖模糊了，可把模糊印章打叉，重新再盖一次。收款单位转账支票背面印章盖模糊了，不能重盖，也不用重新开票，收款单位可带转账支票及银行进账单到出票单位的开户银行去收款。

(7)其他签章、日期填写、大小写金额填写、票面不得涂改、有效期限等方面，与转账支票基本相同。此外，现金支票对于签发空头支票，除银行的相关处罚规定外，持票人有权要求出票人赔偿支票金额2%的赔偿金。

实训指导

现金支票收款人可写为本单位名称，此时现金支票背面“收款人”栏内加盖本单位的财务专用章和法人章，之后收款人可凭现金支票直接到开户银行提取现金。现金支票收款人可写为个人姓名，此时现金支票背面不盖任何章，收款人在现金支票背面填上身份证号码和发证机关名称，凭身份证和现金支票签字领款。

易错点解析

同转账支票。

资源导航

扫一扫，查看现金支票填写

任务2 银行承兑汇票贴现

任务描述：票据贴现

例：20日，办理银行承兑汇票贴现，根据背景资料填制贴现凭证。根据银行承兑汇票(见图1-7)，填制一式五联贴现凭证(见图1-8、图1-9、图1-10、图1-11、图1-12)。

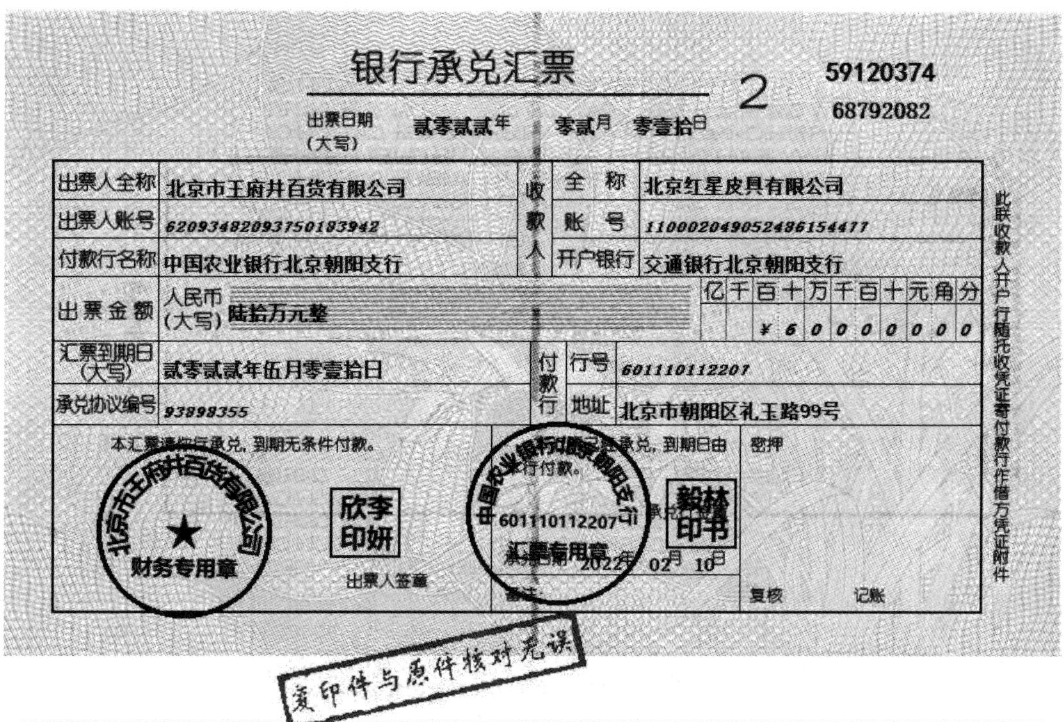

银行承兑汇票 2 59120374 68792082

出票日期（大写） 贰零贰贰年 零贰月 零壹拾日

出票人全称	北京市王府井百货有限公司	收款人	全称	北京红星皮具有限公司
出票人账号	62093482093750183942		账号	110002049052486154477
付款行名称	中国农业银行北京朝阳支行		开户银行	交通银行北京朝阳支行
出票金额	人民币（大写）陆拾万元整		亿千百十万千百十元角分	¥60000000
汇票到期日（大写）	贰零贰贰年伍月零壹拾日	付款行	行号	601110112207
承兑协议编号	93898355		地址	北京市朝阳区礼王路99号

本汇票请你行承兑，到期无条件付款。 北京市王府井百货有限公司 财务专用章 欣李印妍 出票人签章

本汇票已经承兑，到期日由本行付款。 中国农业银行北京朝阳支行 601110112207 汇票专用章 承兑行签章 毅林印书 承兑日期 2022年 02月 10日 备注：

密押 复核 记账

此联收款人开户行随托收凭证寄付款行作借方凭证附件

复印件与原件核对无误

图 1-7 银行承兑汇票

贴现凭证（代申请书） ①

填写日期 2022 年 3 月 20 日 第 001 号

贴现汇票	种类	银行承兑汇票	号码	68792082	申请人	名称	北京红星皮具有限公司
	出票日	2022 年 02 月 10 日				账号	110002049052486154477
	到期日	2022 年 05 月 10 日				开户银行	交通银行北京朝阳支行
汇票承兑人（或银行）	名称	中国农业银行北京朝阳支行	账号		开户银行		
汇票金额（即贴现金额）	人民币（大写）	陆拾万元整			千百十万千百十元角分	¥60000000	
贴现率 每月	6 ‰	贴现利息	千百十万千百十元角分 ¥612000		实付贴现金额	千百十万千百十元角分 ¥59388000	
兹根据《银行结算办法》的规定，附送承兑汇票申请贴现，请审核。 此致 交通银行北京朝阳支行（贴现银行） 申请人盖章		银行审批	负责人 信贷员		科目（借）________ 对方科目（贷）______ 复核 记账		

此联银行作帖现借方凭证

图 1-8 贴现凭证①(代申请书)

贴 现 凭 证（贷方凭证） ②

填写日期 2022 年 3 月 20 日 第 001 号

贴现汇票	种 类	银行承兑汇票	号码	68792082	申请人	名 称	北京红星皮具有限公司
	出 票 日	2022 年 02 月 10 日				账 号	11000204905248615 4477
	到 期 日	2022 年 05 月 10 日				开户银行	交通银行北京朝阳支行
汇票承兑人(或银行)	名称	中国农业银行北京朝阳支行	账号		开户银行		
汇 票 金 额（即贴现金额）	人 民 币（大写）	陆拾万元整					

汇票金额	千	百	十	万	千	百	十	元	角	分
		¥	6	0	0	0	0	0	0	0

贴 现 率 每 月	6 ‰

	千	百	十	万	千	百	十	元	角	分
贴现利息				¥	6	1	2	0	0	0
实付贴现金额		¥	5	9	3	8	8	0	0	0

备注：

科目（贷）________

对方科目（借）______

复核 记账

此联银行作贴现申请人账户贷方凭证

图 1-9 贴现凭证②（贷方凭证）

贴 现 凭 证（贷方凭证） ③

填写日期 2022 年 3 月 20 日 第 001 号

贴现汇票	种 类	银行承兑汇票	号码	68792082	申请人	名 称	北京红星皮具有限公司
	出 票 日	2022 年 02 月 10 日				账 号	11000204905248615 4477
	到 期 日	2022 年 05 月 10 日				开户银行	交通银行北京朝阳支行
汇票承兑人(或银行)	名称	中国农业银行北京朝阳支行	账号		开户银行		
汇 票 金 额（即贴现金额）	人 民 币（大写）	陆拾万元整					

汇票金额	千	百	十	万	千	百	十	元	角	分
		¥	6	0	0	0	0	0	0	0

贴 现 率 每 月	6 ‰

	千	百	十	万	千	百	十	元	角	分
贴现利息				¥	6	1	2	0	0	0
实付贴现金额		¥	5	9	3	8	8	0	0	0

备注：

科目（贷）________

对方科目（借）______

复核 记账

此联银行作贴现利息贷方凭证

图 1-10 贴现凭证③（贷方凭证）

贴现凭证（收款通知）④

填写日期 2022 年 3 月 20 日　　　第 001 号

贴现汇票				申请人		
种类	银行承兑汇票	号码	68792082		名称	北京红星皮具有限公司
出票日	2022 年 02 月 10 日				账号	110002049052486154477
到期日	2022 年 05 月 10 日				开户银行	交通银行北京朝阳支行
汇票承兑人（或银行）	名称	中国农业银行北京朝阳支行	账号		开户银行	
汇票金额（即贴现金额）	人民币（大写）	陆拾万元整			千百十万千百十元角分	¥60000000
贴现率每月	6‰	贴现利息	千百十万千百十元角分 ¥612000		实付贴现金额	千百十万千百十元角分 ¥59388000
上述款项已入你单位账号。 此致 贴现申请人 银行盖章					备注：	

此联银行给申请人的收款通知

图 1-11　贴现凭证④（收款通知）

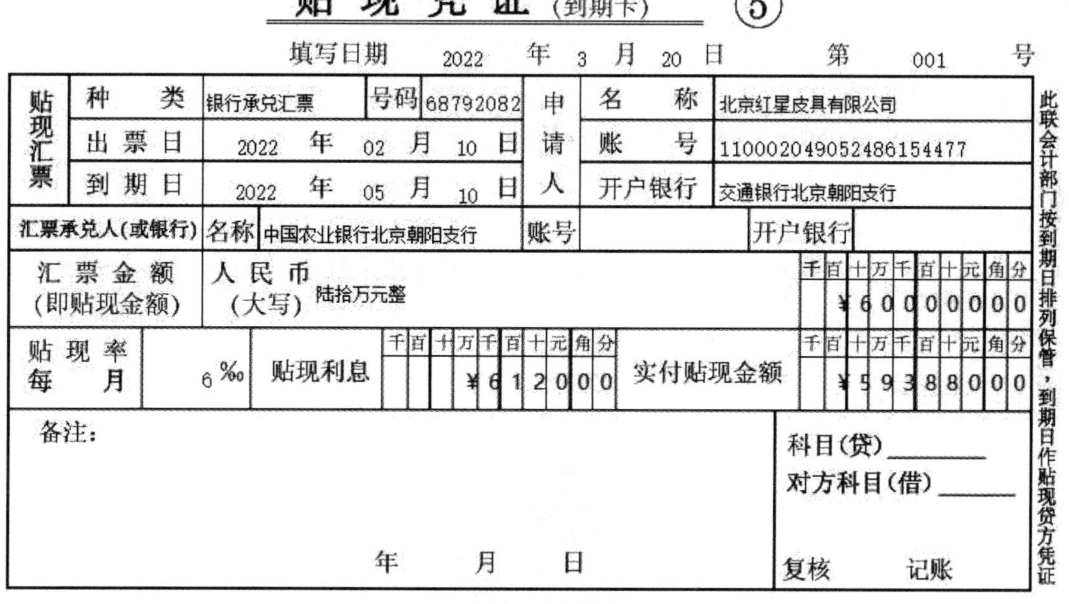

贴现凭证（到期卡）⑤

填写日期 2022 年 3 月 20 日　　　第 001 号

贴现汇票				申请人		
种类	银行承兑汇票	号码	68792082		名称	北京红星皮具有限公司
出票日	2022 年 02 月 10 日				账号	110002049052486154477
到期日	2022 年 05 月 10 日				开户银行	交通银行北京朝阳支行
汇票承兑人（或银行）	名称	中国农业银行北京朝阳支行	账号		开户银行	
汇票金额（即贴现金额）	人民币（大写）	陆拾万元整			千百十万千百十元角分	¥60000000
贴现率每月	6‰	贴现利息	千百十万千百十元角分 ¥612000		实付贴现金额	千百十万千百十元角分 ¥59388000
备注： 年　月　日					科目（贷）______ 对方科目（借）______ 复核　记账	

此联会计部门按到期日排列保管，到期日作贴现贷方凭证

图 1-12　贴现凭证（到期卡）

知识解读：银行承兑汇票贴现

贴现是指汇票持有人将未到期的商业汇票交给银行，银行按照票面金额扣收自贴现日至汇票到期日期间的利息，将票面金额扣除贴现利息后的净额交给汇票持有人。贴现

只能是开户行贴现。

银行承兑汇票贴现流程为：

(1)向银行提交未贴现的汇票；

(2)填写一式五联贴现凭证；

(3)由开户行进行审批，银行在第四联加盖公章后，交回给贴现申请单位，并进行放款。

商业汇票使用者只能是单位，不能是个人；银行本票、汇票、支票单位和个人都可以使用；承兑汇票(银行和商业承兑的汇票)只能是单位。

贴现的费用相当于在银行贷款的利息。贴现利率一般要比贷款利率低得多，而且贴现的办理手续比贷款简单，能满足企业资金急需时的融资需求，汇票也具有较高的流通性，是企业常见的一种筹资方式。

贴现凭证第一联(代申请书)交银行作贴现付出传票；第二联(收入凭证)交银行作贴现申请单位账户收入传票；第三联(收入凭证)交银行作贴现利息收入传票；第四联(收账通知)交银行给贴现申请单位的收账通知；第五联(到期卡)交银行会计部门按到期日排列保管，到期日作贴现收入凭证。

实训指导

贴现利息公式表示为：

贴现利息＝贴现金额×贴现天数×日贴现率

日贴现率＝月贴现率÷30

实际贴现金额＝票面金额－贴现利息

易错点解析

贴现天数，为从贴现起到期的天数，算头不算尾，算尾不算头的，如果是异地的话要再加 3 天，碰上休假要顺延。

扫一扫，查看银行承兑汇票的填写

任务 3 银行进账单填写

任务描述:填制进账单

例:支付广告费——填制进账单。21 日,承上笔任务,支付广告费,填制进账单。根据转账支票(见图 1-13),填写一式三联进账单(见图 1-14、图 1-15、图 1-16)。

交通银行
转账支票存根
30108020
00023338
附加信息
出票日期 2022年 03月 21日
收款人:北京飞扬广告有限公司
金 额:¥31800.00
用 途:广告费
单位主管 会计

交通银行 转账支票 30108020 00023338
出票日期(大写) 贰零贰贰 年 零叁 月 贰拾壹 日 付款行名称:交通银行北京朝阳支行
收款人:北京飞扬广告有限公司 出票人账号:1100020490524486154477
人民币(大写) 叁万壹仟捌佰元整 ¥3180000
用途 广告费 密码 1155-6526-3977-8622
上列款项请从 行号
我账户内支付
出票人签章 复核 记账
付款期限自出票之日起十天

图 1-13 转账支票

交通银行 进账单(回 单) 1

2022 年 03 月 21 日

出票人	全 称	北京红星皮具有限公司	收款人	全 称	北京飞扬广告有限公司
	账 号	1100020490524486154477		账 号	1100020690578332699O2
	开户银行	交通银行北京朝阳支行		开户银行	交通银行北京朝阳支行
金额	人民币(大写)叁万壹仟捌佰元整			亿千百十万千百十元角分	¥3180000
票据种类	转账支票	票据张数	1		
票据号码	00023338				
复核 记账				开户银行签章	

此联是开户银行交给持票人的回单

8.5X17.5公分 空 9. 角宣印刷 0512-65011866

图 1-14 进账单(回单)

交通银行 进账单（贷方凭证） 2

2022 年 03 月 21 日

出票人	全称	北京红星皮具有限公司	收款人	全称	北京飞扬广告有限公司
	账号	110002049052486154477		账号	110002069057833269902
	开户银行	交通银行北京朝阳支行		开户银行	交通银行北京朝阳支行
金额	人民币（大写）叁万壹仟捌佰元整			亿千百十万千百十元角分	¥3180000
票据种类	转账支票	票据张数	1		
票据号码	00023338				
备注：				复核： 记账：	

8.5×17.5公分 文9 角吉印制 0512-6501866

此联由收款人开户银行作贷方凭证

图 1-15 进账单(贷方凭证)

交通银行 进账单（收账通知） 3

2022 年 03 月 21 日

出票人	全称	北京红星皮具有限公司	收款人	全称	北京飞扬广告有限公司
	账号	110002049052486154477		账号	110002069057833269902
	开户银行	交通银行北京朝阳支行		开户银行	交通银行北京朝阳支行
金额	人民币（大写）叁万壹仟捌佰元整			亿千百十万千百十元角分	¥3180000
票据种类	转账支票	票据张数	1		
票据号码	00023338				
复核 记账				收款人开户银行签章	

8.5×17.5公分 文9 角吉印制 0512-6501866

此联是收款人开户银行交给收款人的收账通知

图 1-16 进账单(收账通知)

知识解读:银行进账单——分类与填写

银行进账单是持票人或收款人将票据款项存入其开户银行账户的凭证,也是开户银行将票据款项计入持票人或收款人账户的凭证。

银行进账单分为三联式银行进账单和二联式银行进账单。不同的持票人应按照规定使用不同的银行进账单。当该支票签发单位与收款单位在同行开户时,支票可即时入账,银行将第一联作为进账联加盖转讫并退还给持票人,证明款项已收入单位账户,持票人凭此记账;当支票签发单位与收款单位不在同行开户时,支票需跨行交换,银行当时只给回单联,交换入账后再给进账联。

银行进账单上填列的收款人名称、账号、金额、内容均不得更改,其他项目内容应根据所附支票的相关内容据实填列。这是因为银行受理票据后，支票和进账单两者分离，要分别在不同的柜组或行处之间进行核算处理，为了防止差错纠纷和经济案件的发生，便于事后查找，故作此明确规定。

银行进账单与支票配套使用，可以一张支票填制一份进账单，也可以多张支票汇总金额后填制一份进账单，即允许办理一收多付（一贷多借），主要是为了方便客户、简化手续，以减轻客户填制凭证的压力。对于办理一收多付（一贷多借）的进账单，客户必须根据不同的票据种类和支票签发人所属的不同票据交换行处分别填制，不得混淆。主要原因为：一是票据种类不同，如支票、银行汇票，在银行内部核算处理的方法和要求不一样；二是由于交换行处受路途远近、交通情况等客观条件的限制，在交换票据的处理过程中，资金的抵用时间等方面存在差异。鉴于上述原因，为了保证客户及时用款，因此作这样的规定。

实训指导

持票人填写银行进账单时，必须清楚地填写票据种类、票据张数、收款人名称、收款人开户银行及账号、付款人名称、付款人开户银行及账号、票据金额等栏目，并连同相关票据一并交给银行经办人员。进账单第二联最下端的磁码区域必须保持清洁，任何企事业单位或个人不得在此区域内书写或盖章，其目的、作用与支票相同。

易错点解析

进账单上填列的收款人名称、账号、金额、内容均不得更改，其他项目内容应根据所附支票的相关内容据实填列。

模块二 在线单据整理

任务 1 款项收付业务单据整理

任务描述：单据整理

例：单据整理——收到货款。3 日，收到天津市中汇皮具有限公司货款存入银行，整理相关单据。收到货款原始单据如图 1-17 所示。

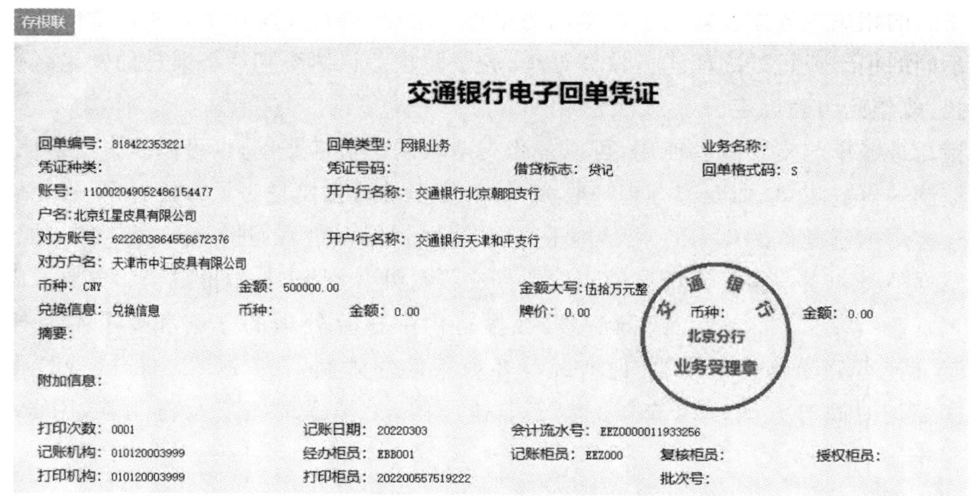

存根联

交通银行电子回单凭证

回单编号：818422353221　回单类型：网银业务　业务名称：
凭证种类：　凭证号码：　借贷标志：贷记　回单格式码：S
账号：110002049052486154477　开户行名称：交通银行北京朝阳支行
户名：北京红星皮具有限公司
对方账号：6222603864556672376　开户行名称：交通银行天津和平支行
对方户名：天津市中汇皮具有限公司
币种：CNY　金额：500000.00　金额大写：伍拾万元整
兑换信息：兑换信息　币种：　金额：0.00　牌价：0.00　币种：　金额：0.00
摘要：
附加信息：
打印次数：0001　记账日期：20220303　会计流水号：EEZ0000011933256
记账机构：010120003999　经办柜员：EBB001　记账柜员：EEZ000　复核柜员：　授权柜员：
打印机构：010120003999　打印柜员：202200557519222　批次号：

图 1-17　收到货款原始单据

知识解读：收付款项原始单据——银行收款单据（银行电子回单）

原始凭证又称单据，是在经济业务发生或完成时取得或填制的、用以记录或证明经济业务的发生或完成情况的文字凭据。它不仅能用来记录经济业务的发生或完成情况，还可以明确经济责任，是进行会计核算工作的原始资料和重要依据，是会计资料中最具有法律效力的一种文件。原始凭证记载着大量的经济信息，又是证明经济业务发生的初始文件，与记账凭证相比较，具有较强的法律效力，所以它是一种很重要的凭证。

原始凭证的种类很多，如发货票、收货单、领料单、银行结算凭证、各种报销单据等。其具体分类如下：

（1）按取得的来源分为：自制原始凭证、外来原始凭证。

（2）按格式分为：通用凭证、专用凭证。

（3）按填制的手续和内容分为：一次凭证、累计凭证、汇总凭证。

（4）按经济业务的类别分为：款项收付业务凭证、出入库业务凭证、成本费用凭证、购销业务凭证、固定资产业务凭证、转账业务凭证。

外来原始凭证，是指在同外单位发生经济往来事项时，从外单位取得的凭证。如发票、飞机和火车的票据、银行收付款通知单、企业购买商品或材料时从供货单位取得的发货票等。

自制原始凭证，是指在经济业务事项发生或完成时，由本单位内部经办部门或人员填制的凭证。如收料单、领料单、开工单、成本计算单、出库单等。自制原始凭证按填制手续及内容的不同，又可分为一次凭证、累计凭证、汇总原始凭证和记账编制凭证四类。（1）一次凭证：一次凭证是指只反映一项经济业务或同时记录若干项同类性质经济业务的原始凭证，其填制手续是一次完成的。各种外来原始凭证都是一次凭证；企业有关部门领用材料的"领料单"、职工的"借款单"、购进材料的"入库单"，以及根据账簿记录和经济业务的需要而编制的记账凭证，如"材料费用分配表"等，都是一次凭证。（2）累计凭证：累计凭证是指在一定时期内（一般以一月为限）连续发生的同类经济业务的自制原始凭证，其填制手续是随着经济业务事项的发生而分次进行的，如"限额领料单"。（3）汇总凭证：汇总原始凭证是指根据一定时期内反映相同经济业务的多张原始凭证，汇总编制而成的自制原始凭证，以集中反映某项经济业务总括发生情况。汇总原始凭证既可以简化会计核算工作，又便于进行经济业务的分析比较，如“工资汇总表”“现金收入汇总表”“发料凭证汇总表”等。

通用凭证，是指由有关部门统一印制、在一定范围内使用的具有统一格式和使用方法的原始凭证，如全国通用的增值税发票、银行转账结算凭证等。

专用凭证，是指由单位自行印制、仅在本单位内部使用的原始凭证，如收料单、领料单、工资费用分配单、折旧计算表等。

单位往来款支付需要的原始凭证有银行回单或者相关收据。支付款项的凭证一般包括转账支票头、银行回单。转账支票头：开出支票支付货款时，领取支票的人要在支票根上签字，表明已经领取。银行回单：是指通过网银付款、开出汇票等，银行已经将款项划给对方后的证明，回单作为付款的原始凭证记账。支付款项的原始凭证，必须有收款单位和收款人的收款证明，不能仅以支付款项的有关凭证如银行汇款凭证等代替。按规范要求，都要有对方开的收款证明。

企业发生的每笔收付款业务都会有银行回单与之对应。随着网上银行的广泛应用，银行电子回单也越来越普及。银行电子回单是为企业客户提供其网银付款交易电子回单的查询、下载、打印(补打)以及验证功能的电子回单。电子银行回单是企业和公司从网银下载的收汇款说明，是记账凭证的依据。其特点是：(1)信息详细丰富。电子回单记载了企业网上付款交易的各种详细交易信息。(2)认证真实可靠。电子回单加盖了银行电子回单专用章，并且标注了电子回单号和验证码，以确保电子回单的真实性和可认证性。(3)使用方便快捷。电子回单提供 7×24 小时全天候账户电子回单查询功能，可以轻松完成各类交易的企业账务处理。在银行开立单位结算账户的企业到开户网点柜面注册普及版企业网银后，即可使用此功能。

当然，有利必有弊。电子回单固然方便，但在使用时也应该注意以下几个问题：(1)电子回单为补打回单，请勿重复记账；(2)此回单不作为收款方发货依据；(3)每笔交易的电子回单的回单号是唯一的，而回单验证码不唯一，每次打印时都会重新生成新的回单验证码。

实训指导

往来款，是企业以往的经济交易中，因某种原因而遗留的应付、应收、预收、预付款项。往来款支付需要的原始凭证包括银行回单或者相关收据。如果是月结的供应商付款，则后面就只是银行回单及进账单；如果是预付款，一般后面会有预付款的申请单、购货合同、采购订单、银行回单及进账单等。

银行电子回单，包含收付款单位双方账号、名称、交易币种、金额、交易发生时间等必要的交易信息和交易流水号。企业和公司的传统处理方法是从网银下载银行电子回单并打印，由财务人员填写记账凭证，然后随记账凭证归档。电子回单信息验证有三种方式：网页录入内容验证、上传 PDF 验证、手机 App 拍照二维码验证。

易错点解析

银行电子回单上的收付款单位双方账号、名称、交易币种、金额、交易发生时间等必要的交易信息必须以真实交易信息为依据，审核时要将电子回单所反映的经济业务与实际情况进行比较，仔细核对信息是否一致，内容是否相符。

资源导航

扫一扫，查看会计凭证的装订

实训案例中同类业务还有：

业务 9：单据整理——收到货款。5 日，收到北京东方爱格皮具服饰有限公司货款，整理相关单据。

业务 14：单据整理——支付材料款。10 日，支付北京汉森皮革贸易有限公司材料款，整理相关单据。

业务 29：单据整理——支付丝印费。16 日，支付北京市春花丝印有限公司丝印费，整理相关单据。

任务 2　固定资产业务单据整理

任务描述：固定资产业务单据整理

例：单据整理——购入固定资产。10 日，购入铲皮机未验收，整理相关单据。原始单据固定资产采购增值税专用发票（见图 1-18）、银行付款电子回单（见图 1-19）。

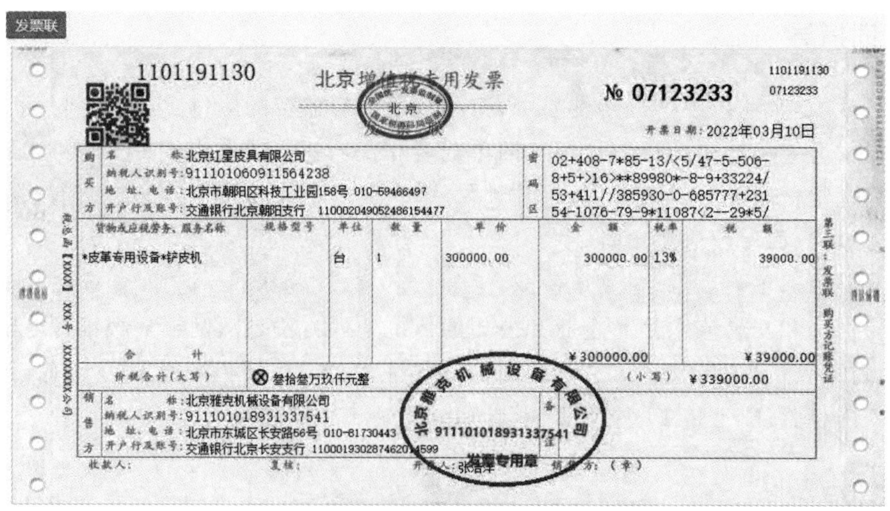

发票联

1101191130　北京增值税专用发票　№ 07123233　1101191130　07123233

开票日期：2022年03月10日

购买方	名称：北京红星皮具有限公司 纳税人识别号：911101060911564238 地址、电话：北京市朝阳区科技工业园158号 010-59466497 开户行及账号：交通银行北京朝阳支行 110002049052486154477					密码区	02+408-7*85-13/<5/47-5-506- 8+5+>16>**89980*-8-9+33224/ 53+411//385930-0-685777+231 54-1076-79-9*11087<2--29*5/	
货物或应税劳务、服务名称	规格型号	单位	数量	单价	金额	税率	税额	
*皮革专用设备*铲皮机		台	1	300000.00	300000.00	13%	39000.00	
合计					¥300000.00		¥39000.00	
价税合计（大写）	⊗叁拾叁万玖仟元整					（小写）	¥339000.00	
销售方	名称：北京雅克机械设备有限公司 纳税人识别号：911101018931337541 地址、电话：北京市东城区长安路56号 010-81730443 开户行及账号：交通银行北京长安支行 110001930287462014599					备注		

收款人：　复核：　开票人：张浩洋　销售方：（章）

第三联：发票联　购买方记账凭证

图 1-18　购入固定资产原始单据

交通银行电子回单凭证

回单编号：818422357150		回单类型：网银业务		业务名称：	
凭证种类：		凭证号码：	借贷标志：借记	回单格式码：S	
账号：110002049052486154477		开户行名称：交通银行北京朝阳支行			
户名:北京红星皮具有限公司					
对方账号：110001930287462014599		开户行名称：交通银行北京长安支行			
对方户名：北京雅克机械设备有限公司					
币种：CNY	金额：339000.00		金额大写:叁拾叁万玖仟元整		
兑换信息：兑换信息	币种：	金额：0.00	牌价：0.00	币种：	金额：0.00
摘要：					
附加信息：					
打印次数：0001		记账日期：20220310	会计流水号：EEZ0000011[illegible]288		
记账机构：010120003999		经办柜员：EBB001	记账柜员：EEZ000	复核柜员：	授权柜员：
打印机构：010120003999		打印柜员：202200557519222		批次号：	

交通银行 北京分行 业务受理章

图 1-19　银行付款电子回单

知识解读：固定资产原始单据——购买固定资产发票（增值税专用发票）

固定资产是指企业为生产商品、提供劳务或者经营管理而持有的，且使用寿命超过一个会计年度的有形资产，包括房屋、建筑物、机器、机械、运输工具以及其他与生产经营活动有关的设备、器具、工具等。以货币购入固定资产入账时，需要购置发票、单位验收单、货币付款的银行单据，如金额较大的还需要采购合同，采购合同也可以另行管理，但会计记账凭证要注明，或附合同复印件。

发票是指一切单位和个人在购销商品、提供或接受服务以及从事其他经营活动中，所开具和收取的业务凭证，是会计核算的原始依据，也是审计机关、税务机关执法检查的重要依据。

原始单据包括发票，还包括收据、入库单、出库单、材料明细表等，原始单据只有发票才能作为报账的依据，而其他只能起辅助、证明作用，不能直接报销用，这些单据要附在发票后面一起入账。

《会计法》第十四条第三款对原始凭证的审核作出了明确规定。审核发票是会计进行账务处理的第一步工作，也是会计工作最基础的环节，会计工作首先是从审核发票开始的。发票审核要点如下：

（1）查验发票的真实性：根据发票号码等信息到相关税务网查证发票的真实性。

（2）发票实质性审查：①审查发票所记载的经济业务必须是真实发生的，审查发票是否与实际经济业务相符，发票是否和合同、业务、资金流向等实际情况相符；②审查销售方使用的是不是其所在省（自治区、直辖市和计划单列市）的发票，开票方是否与销售收款方一致，销售方名称、印章、货物名称、数量、金额及税额等是否与实际相符等等，如果不相符，那就是虚开的发票或非法代开的发票；③审查审核发票类型是否正确，比如不能开专票而开具了专票。

（3）发票票面审查：①审查发票的抬头是否空白，是否为个人或者其他单位，是否填写了企业名称全称；②审查发票的日期是否属于以前年度，是否有报销时间限制；③审查发票的业务内容是否与本单位相关；④审查票据是否有白条或者收据；⑤审查发票上加盖的是不是“发票专用章”。

(4)审查其他凭据是否充分:取得符合规定的发票是税前扣除的必要条件,但不是充分条件,发票只是凭证之一,为证明经济业务往来的真实性,往往还应当具有合同、协议、章程等,因此纳税人在平时就要注意收集整理相关资料,以存备查,防范风险。比如,企业大额采购支出,就要提供相关的合同、付款凭证等资料,与发票相比较、分析,确保支出的真实性;会议费的支出,除了发票,还要有会务安排计划,与会务主办方签订的合同,会务费明细、付款凭证等;差旅费支出,交通费和住宿费以发票为税前扣除凭证,差旅补助支出要提供出差人员姓名、出差地点、时间和任务等内容的证明材料。

实训指导

购入固定资产的入账原始单据包括:购置发票、单位验收单、货币付款的银行单据,如金额较大的还需要采购合同复印件。

会计人员审核原始凭证应当按照国家统一会计制度的规定进行。审核的主要内容有:

(1)审核原始凭证的合法性和真实性;

(2)审核原始凭证的合理性;

(3)审核原始凭证的完整性;

(4)审核原始凭证的正确性。

易错点解析

(1)固定资产卡片是固定资产的明细账,属于账簿,不属于原始凭证。

(2)发票审核:

①发票抬头是不是规范,是不是本单位全称,有无错别字或漏字。

②纳税人识别号是不是正确无误。

③涉及专票的,还要审核地址、电话以及开户行及账号两栏信息是否准确完整。

④涉及增值税普通发票卷票的,还要看校验码是否完整。

⑤是否正确加盖发票专用章。

⑥票面是否有压线错格现象,尤其要关注专票的密码区是否压线。

⑦发票品名是否准确具体,是否符合行业惯例,有无含混不清现象,如服务费、管理费、办公用品、食品、礼品、物料、材料、低值易耗品等,均不应接受。

⑧价税合计与已支付或应支付金额是否一致。

⑨数量是否与实际采购数量一致。

⑩税率或征收率是否正确,是否与实际业务相符。

任务 3　成本费用业务单据整理

任务描述:成本费用业务单据整理

例:单据整理——报销招待费。4 日,报销招待费,整理相关单据。原始单据包括报销申请单(见图 1-20)、餐费发票(见图 1-21)。

报销申请单

填报日期:2022年 03 月 04 日

姓名	张勇	所属部门	采购部	
报销项目	摘　　要	金　　额	备注:	
招待费		1500.00		
		现金付讫		
合　　计		¥1500.00		
金额大写:零拾　零万　壹仟　伍佰　零拾　零元　零角　零分				

报销人:张勇　　部门审核:邓中　　财务审核:李春梅　　审批:邓伟丰

图 1-20　报销申请单

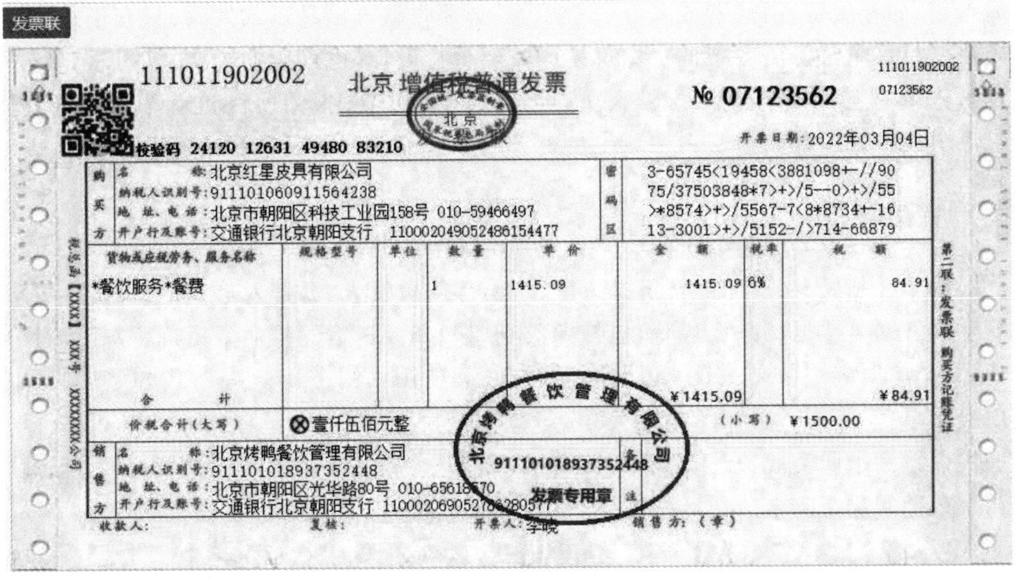

发票联

111011902002　北京增值税普通发票　№ 07123562

111011902002
07123562

校验码 24120 12631 49480 83210　　开票日期:2022年03月04日

购买方　名称:北京红星皮具有限公司
纳税人识别号:911101060911564238
地址、电话:北京市朝阳区科技工业园158号 010-59466497
开户行及账号:交通银行北京朝阳支行 110002049052486154477

密码区
3-65745<19458<3881098+-//90
75/37503848*7>+>/5--0>+>/55
>*8574>+>/5567-7<8*8734+-16
13-3001>+>/5152-/>714-66879

货物或应税劳务、服务名称	规格型号	单位	数量	单价	金额	税率	税额
*餐饮服务*餐费			1	1415.09	1415.09	6%	84.91
合　　计					¥1415.09		¥84.91
价税合计(大写)	⊗壹仟伍佰元整				(小写) ¥1500.00		

销售方　名称:北京烤鸭餐饮管理有限公司
纳税人识别号:911101018937352448
地址、电话:北京市朝阳区光华路80号 010-65618670
开户行及账号:交通银行北京朝阳支行 110002069052786280577

备注

收款人:　　复核:　　开票人:李晓　　销售方:(章)

第二联:发票联　购买方记账凭证

图 1-21　餐费发票

知识解读:成本费用原始单据——招待费报销单、报销单据发票(增值税普通发票)

企业的成本费用是企业经营的关键经济指标,每个企业都会很重视自身成本费用的控制,成本费用包括营业费用、管理费用、财务费用、主营业务成本、税金及附加等。成本费用类分录会附着发票、领料单、入库单等原始凭证。

费用报销单也称为报销单,是企业员工上交至企业财务部,且用于开支费用报销的凭证,是反映报销事由(如"报销项目""摘要""备注")和审核、审批过程(如部门负责人和单位负责人的签字)的一种授权出纳予以付款的凭证。其主要用途如下:

(1)用于各部门费用及专项费用报销时填写。

(2)作为差旅费报销时,需附经审批的出差申请表。

(3)属专项费用报销时,需有项目负责人签名及经审批的专项费用申请表。

费用报销单主要注意事项如下:

(1)费用报销单,是员工用自己的钱,在为公司办事时所垫付的,事情完成后回公司报销,将需要报销的票据粘贴,交由领导审核签字,再由财务给当事人报销。

(2)该费用报销单必须放在记账凭证里面作为原始凭证,以备不时之需。

(3)如果是银行汇款转账之类的,直接把银行的汇款凭证粘贴在报销单上,交由领导签字,财务报销。

(4)所有支出款项必须有领导签字后方能报销和支出,以备事后查账,避免推卸责任。

实训指导

成本费用类分录可能会附着报销单、发票、领料单、入库单等原始凭证。首先自己垫支的费用,如差旅费、招待费或者办公费用等,必须收款方出具正式发票,只有正式发票才能入账。报销单可以由各单位根据自己的需要自行设计,也可以购买统一的报销单。

报销单的主要内容包括:报销人所属部门和报销日期、报销项目和摘要、金额,一般需要经办人、证明人、部门负责人和单位负责人的签字。报销单后附粘贴单据。

易错点解析

报销单必须要有签字,除了经办人签字外,部门负责人、会计人员、单位负责人等都需要签字。发票等票据粘贴要规范,应按照类别(如:办公费、餐费、业务招待费等)进行分类整理,同类单据应粘贴在一起。进行粘贴时,必须使用由财务部统一格式的票据粘贴单、费用报销单。

实训案例中同类业务还有:业务 4:单据整理——销售中心办公室搬迁运费。3 日,收到北京市德润物流有限公司运费发票,整理相关单据。

模块三　网银支付

任务　基本户网银支付

任务描述:网银支付

例:网银支付职工培训费。20 日,支付职工培训费。(根据背景资料的付款申请书在竞赛系统内模拟完成银行电子转账支付业务,通过基本户支付)。原始单据付款申请书(见图 1-22)、网银付款信息(见图 1-23)。

付款申请书

2022 年 03 月 20 日

<table>
<tr><td>用途及情况</td><td colspan="11">金额</td><td>收款单位(人):北京德尚培训中心</td></tr>
<tr><td rowspan="2">支付职工培训费</td><td>亿</td><td>千</td><td>百</td><td>十</td><td>万</td><td>千</td><td>百</td><td>十</td><td>元</td><td>角</td><td>分</td><td>账 号:110002069052876730708</td></tr>
<tr><td></td><td></td><td></td><td></td><td>¥</td><td>3</td><td>3</td><td>9</td><td>2</td><td>0</td><td>0</td><td>开户行:交通银行北京朝阳支行</td></tr>
<tr><td>金额(大写)合计:</td><td colspan="11">人民币 叁仟叁佰玖拾贰元整</td><td>结算方式:转账</td></tr>
</table>

<table>
<tr><td rowspan="2">总经理</td><td rowspan="2">邓伟丰</td><td rowspan="2">财务部门</td><td>经 理</td><td>李春梅</td><td rowspan="2">业务部门</td><td>经 理</td><td>张凤霞</td></tr>
<tr><td>会 计</td><td>王秀玲</td><td>经 办 人</td><td>张勇</td></tr>
</table>

图 1-22　付款申请书

交通银行 | 企业网上银行

企业信息

北京红星皮具有限公司

业务办理

付款录入

单笔维护

当前您的位置: 企业网银首页 > 单笔维护

付款信息

付款户名	北京红星皮具有限公司	收款户名	北京德尚培训中心
付款账号	110002049052486154477	收款账号	110002069052876730708
付款银行	交通银行	收款银行	交通银行北京朝阳支行
汇款金额	¥3392.00	转账用途	转账
大写金额	叁仟叁佰玖拾贰元整	付款方式	普通

图 1-23　网银付款信息

知识解读:根据企业付款申请,进行网上银行付款,并且进行授权审核

网上银行又称网络银行、在线银行,是指银行利用互联网技术,通过互联网向客户提供开户、查询、对账、行内转账、跨行转账、信贷、网上证券、投资理财等传统服务项目,使客户足不出户就能够安全便捷地管理活期和定期存款支票、信用卡及个人投资等。可以说,网上银行是在互联网上的虚拟银行柜台。网上银行又被称为“3A 银行”,因为它不受时

间、空间限制，能够在任何时间(anytime)、任何地点(anywhere)，以任何方式(anyway)为客户提供金融服务。网上银行的用户只要有一台可以上网的电脑，就可以使用浏览器或专有客户端软件来使用银行提供的各种金融服务，如账户查询、转账、网上支付等。与传统渠道(如柜台)相比，网上银行最大的特点是方便快捷，不必排队。账户数据查询可以通过一些软件导入，如 Quicken 或 Microsoft Money，还具有为电子账单付费、转账、股票买卖、贷款申请、账户集成功能。

网银付款业务包括网上汇款、证券登记公司资金清算、电子商务和外汇汇款四大精品及领先业务，是传统商务模式与现代电子商务模式相结合的产物，是银行为满足各类企业客户的付款需求而精心设计的全套付款解决方案。

1.网上汇款

集团企业总(母)公司可通过电子付款指令从其账户中把资金转出，实现与其他单位(在国内任何一家银行开户均可)之间的同城或异地资金结算，达到“足不出户”即可轻松完成企业日常结算业务的目的。网上汇款提供多种支付模式，用户可根据集团内部的管理需要，统一设计对外转出或定向汇款的支付模式，通过安全授权和控制方案，实现财务管理上的各种要求。

2.证券登记公司资金清算

证券公司类客户可通过“证券登记公司资金清算”功能向证券登记公司指定的清算账户进行转账并进行相关信息的查询，包括提交指令、查询指令、证券登记公司清算账户信息查询、指令授权四项功能。

3.电子商务

B2B 在线支付是银行专门为电子商务活动中的卖方和买方提供的安全、快捷、方便的在线支付中介服务，银行 B2B 网上支付平台将电子商务活动的卖方和买方连接起来，为 B2B 特约商户和网上采购企业提供了先进、快捷的资金流通道，打破了时空限制，提高了交易效率，降低了交易成本。采购企业在银行任何一家 B2B 特约商户进行订货或购物时，银行提供两种支付方式，一种是直接在特约网站为已产生的订单完成支付，另一种是登录银行企业网银后通过电子商务功能手工输入订单信息进行支付。支付结束后，B2B 特约商户和采购企业均可通过交易指令查询等功能获得详细的交易信息，从而掌握和监控整个交易进程。

4.外汇汇款

外汇汇款是向企业客户提供的通过企业网上银行对外币账户进行同城/异地资金划拨和结算的一项业务。在国内工行率先实现了网上的外汇汇款功能，并根据不同的客户进行有针对性的功能划分，客户可根据需要通过特定功能实现外汇资金的划拨和结算。

(1)集团资金调拨。集团客户可通过集团资金调拨功能对集团内的外币资金进行上下级间的双向调拨，达到监控各分公司外币资金运作情况、整个集团外币资金统一调度管理的目的。

(2)B 股资金清算。证券类客户可通过 B 股资金清算功能实现证券公司总部与分支机构之间的 B 股资金的清算划转。

(3)国内外汇汇款。银行或非银行金融机构(保险公司除外)的客户可以通过国内外汇汇款功能方便、快捷地实现与银行系统内其他企业单位外币资金实时结算的目的，从而拓宽自身的业务处理范围，推动自身业务的发展。

实训指导

具体操作流程：(1)登录银行网站；(2)进入网银页面，进入付款页面；(3)录入付款信息；(4)核对订单信息和支付信息；(5)提交成功，进行复核操作；(6)复核人员点击通过，复核完成，支付成功。

易错点解析

使用企业网银付款有多个前置条件，请一一检查是否都符合：

(1)企业网银在跳转页面前必须先插入 U 盾，否则无法打开支付页面；并且还需要两个盾，一个制单盾，一个复核盾，这两个盾对应的商户名称必须匹配。

(2)复核盾必须要有管理员权限，否则无法复核。可在银行办理时设置也可自己在银行官网设置，具体流程请参照各银行要求。

(3)需开通 B2B 电子商务支付功能，否则无法进行企业网银交易。

(4)下单操作之前要去银行网站下载、安装控件(按银行网站提示操作)。

(5)企业网银正常情况下不会存在限额问题，除非用户自己在开户时设置了限额，如果页面提示超出限额，建议用户自己电话对应银行进行查询。

实训案例中同类业务还有：

业务 97：网银支付勘察费。支付新建厂房勘察费(根据背景资料的付款申请书在竞赛系统内模拟完成银行电子转账支付业务，通过一般户支付)。

业务 98：网银支付销售中心办公室搬迁运费。20 日，支付销售中心办公室搬迁运费(根据背景资料的付款申请书在竞赛系统内模拟完成银行电子转账支付业务，通过基本户支付)。

业务 100：网银支付设备维修费。22 日，管理部门报销设备维修费(根据背景资料的付款申请书在竞赛系统内模拟完成银行电子转账支付业务，通过基本户支付)。

项目二　供应过程实训任务

知识目标、技能目标与素质目标

模块	知识目标	技能目标	素质目标
存货业务	熟悉存货的概念、特点；掌握存货采购成本的构成、发出的计价方式、存货清查	掌握对存货采购业务进行账务处理；掌握对存货发出业务进行账务处理；掌握对存货清查进行账务处理	培养诚实守信、注重细节以及廉洁自律的职业道德
固定资产业务	掌握固定资产取得成本的构成；固定资产折旧的核算；固定资产后续支出的核算	能根据相关原始凭证对固定资产的取得、固定资产的折旧以及固定资产的后续支出进行账务处理	
无形资产业务	掌握无形资产初始计量及后续支出的核算	能根据相关原始凭证对无形资产的取得、无形资产的摊销以及无形资产的后续支出进行账务处理	
应付及预付款业务	掌握应付账款及应付票据的核算；预付账款的核算	能根据相关原始凭证对应付账款、应付票据及预付账款进行账务处理	

本项目主要参考法规索引

1.《企业会计准则——基本准则》、《企业会计准则第 1 号——存货(2006)》、《企业会计准则第 4 号——固定资产(2006)》、《企业会计准则第 6 号——无形资产(2006)》；

2.财政部会计司企业会计准则讲解；

3.财会〔2016〕22 号增值税会计处理；

4.财税〔2016〕36 号财政部国家税务总局关于全面推开营业税改征增值税试点的通知及配套文件；

5.财会〔2008〕7 号企业内部控制基本规范；

6.财会〔2010〕11 号企业内部控制应用指引第 7 号——采购业务、企业内部控制应用指引第 8 号——资产管理。

供应过程主要是指企业物资采购、固定资产以及其他资产购建取得的过程。其核算的主要内容包括存货资产取得的核算、固定资产取得的核算、无形资产取得的核算及其他资产取得的核算、应付及预收业务核算。在本套实训中涉及的主要经济业务是材料的采购业务、固定资产取得业务、无形资产取得业务、预付及应付业务。

模块一　存货业务

任务 1　存货采购业务核算

存货是指企业在日常活动中持有以备出售的产品或商品、处在生产过程中的在产品、在生产过程或提供劳务过程中储备的材料或物料等，包括各类材料、在产品、半成品、产成品、商品以及包装物、低值易耗品、委托代销商品等。存货应当按照采购成本、加工成本和其他成本进行初始计量。

任务描述：材料采购业务核算

例：材料采购。（平台实训案例 1 业务 3）2 日，材料采购，款未付。根据材料采购增值税专用发票（见图 2-1）以及收料单（见图 2-2），编制记账凭证（见图 2-3）。

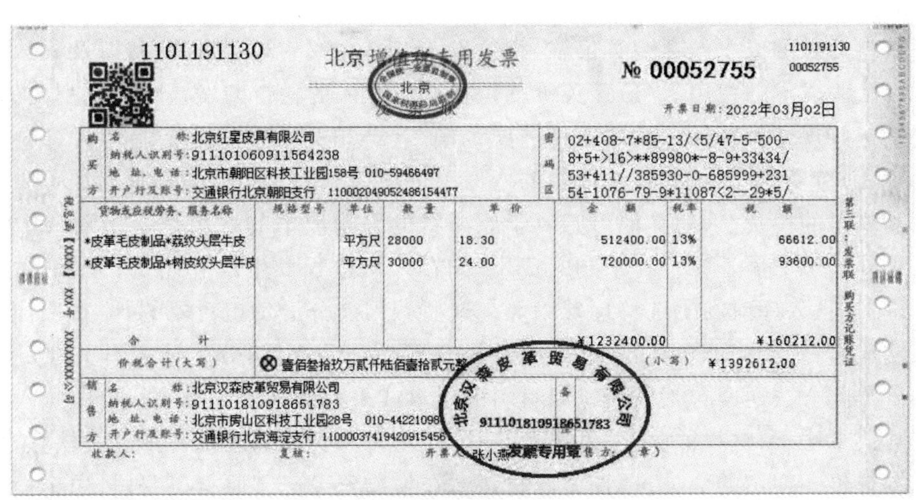

1101191130　北京增值税专用发票　№ 00052755　1101191130　00052755

开票日期：2022年03月02日

购买方　名　　称：北京红星皮具有限公司
纳税人识别号：911101060911564238
地 址、电 话：北京市朝阳区科技工业园158号 010-59466497
开户行及账号：交通银行北京朝阳支行　110002049052486154477

密码区　02+408-7*85-13/<5/47-5-500-
8+5+>16>**89980*-8-9+33434/
53+411//385930-0-685999+231
54-1076-79-9*11087<2--29*5/

货物或应税劳务、服务名称	规格型号	单位	数量	单价	金额	税率	税额
*皮革毛皮制品*荔纹头层牛皮		平方尺	28000	18.30	512400.00	13%	66612.00
*皮革毛皮制品*树皮纹头层牛皮		平方尺	30000	24.00	720000.00	13%	93600.00
合　　计					¥1232400.00		¥160212.00

价税合计（大写）⊗壹佰叁拾玖万贰仟陆佰壹拾贰元整　（小写）¥1392612.00

销售方　名　　称：北京汉森皮革贸易有限公司
纳税人识别号：911101810918651783
地 址、电 话：北京市房山区科技工业园28号　010-44221098
开户行及账号：交通银行北京海淀支行　110000374194209154567

收款人：　复核：　开票人：张小燕　销售方：（章）

第三联：发票联　购买方记账凭证

图 2-1　材料采购增值税专用发票

收 料 单

供应单位：北京汉森皮革贸易有限公司　　　编号：00101
材料类别：原材料　　2022 年 03 月 02 日　　收料仓库：原材料仓

材料编号	材料名称	规　格	计量单位	数量		实际价格				计划价格	
				应　收	实　收	单　价	材料金额	运杂费	合　计	单　价	金　额
101	荔纹头层牛皮		平方尺	28000	28000						
102	树皮纹头层牛皮		平方尺	30000	30000						
备注：											

会计联

部门经理：王涛　　质量检验员：张锋　　仓库：冯新新　　经办人：艾玲

图 2-2　材料入库单

记账凭证

记字第：3 号　　日期：2022-03-02　　附单据：2 张

摘要	会计科目	借方金额	贷方金额
材料采购	140301 原材料-荔纹头层牛皮	512400.00	
材料采购	140302 原材料-树皮纹头层牛皮	720000.00	
材料采购	22210101 应交税费-应交增值税-进项税额	160212.00	
材料采购	220201 应付账款-北京汉森皮革贸易有限公司		1392612.00
合计：		1392612.00	1392612.00

审核：李春梅　　过账：李春梅　　出纳：　　制单：王秀玲

图 2-3　记账凭证

知识解读：存货的初始计量——原材料购入的账务处理（实际成本法）

原材料是指企业在生产过程中经加工将改变其形态或性质并构成产品主要实体的各种原料及主要材料、辅助材料、外购半成品（外购件）、修理用备件（备品备件）、包装材料、燃料等，是最主要的存货。

原材料的日常收发结存可以采用实际成本核算，也可以采用计划成本核算，在本实训中采用的是实际成本法。

原材料的采购成本包括购买价款、相关税费、运输费、装卸费、保险费以及其他可归属于原材料采购成本的费用。（1）购买价款是指企业购入的材料的发票账单上列明的价款，但不包括按照规定可以抵扣的增值税进项税额。（2）相关税费是指企业购买材料发生的进口关税、消费税、资源税和不能抵扣的增值税进项税额以及相应的教育附加等应计入原材料采购成本的税费。（3）其他可归属于原材料的采购成本的费用是指采购成本中除上述各项以外的可归属于原材料采购的费用，如在采购过程发生的仓储费、包装费、运输途中的合理损耗、入库前的挑选整理费用等。这些费用能分清负担对象的，应直接计入原材料的采购成本；不能分清负担对象的，应选择合理的分配方法，分配计入有关原材料的采购成本。分配方法通常包括按所购原材料的重量或采购价格的比例进行分配。

实际成本法下，材料的收入、发出及结存，无论总分类核算还是明细分类核算，均按照实际成本计价。使用的会计科目有“原材料”“在途物资”等。“原材料”科目用于核算企业库存各种材料的收入、发出与结存情况，借方登计入库材料的实际成本，贷方登记发出材料的实际成本，期末余额在借方，反映企业库存材料的实际成本。“原材料”科目应按照材料的保管地点（仓库）、材料的类别、品种和规格等设置明细账进行明细核算。“在途物资”科目用于核算企业尚未验收入库的各种物资（即在途物资）的实际采购成本，本科目应当按照供应单位和物资品种进行明细核算。“在途物资”科目的借方登记企业购入的在途物资的实际成本，贷方登记验收入库的在途物资的实际成本，期末余额在借方，反映企业在途物资的采购成本。

实训案例中同类业务还有：

业务 19：购入辅助材料。12 日，购入辅助材料，款已付。

业务 20：购入五金材料。12 日，购入五金材料，款未付。

任务 2　存货发出业务核算

企业应当根据各类存货的实物流转方式、企业管理的要求、存货的性质等实际情况，合理地确定发出存货成本的计算方法，以及当期发出存货的成本。对于性质和用途相同的存货，应当采用相同的成本计算方法确定发出存货的成本。在实际成本核算方式下，企业可以采用的发出存货成本的计价方法包括个别计价法、先进先出法、月末一次加权平均法和移动加权平均法等。

任务描述：发出材料的成本计算

例：发出材料单位成本计算表。31 日，编制发出材料单位成本计算表（见图 2-4）。

2022年03月31日　　金额单位：元

产品编码	原材料	单位	期初余额			本期入库			材料单位成本（加权平均）
			数量	单价	金额	数量	单价	金额	
101	荔纹头层牛皮	平方尺	12000	18.00	216000.00				
102	树皮纹头层牛皮	平方尺	20000	22.00	440000.00				
103	里布	米	6800	5.00	34000.00				
201	3#拉头	个	15000	0.30	4500.00				
202	5#拉头	个	15000	0.50	7500.00				
203	3#拉链	码	2000	3.60	7200.00				
204	5#拉链	码	2000	5.00	10000.00				
205	D字扣	个	7000	2.00	14000.00				
206	日字扣	个	2100	5.00	10500.00				
207	肩带	米	2000	1.80	3600.00				
合计					747300.00				

审核：李春梅　　制单：杜文涛

图 2-4　原材料单位成本计算表

根据入库单填写本期入库金额，再按照全月一次加权平均法计算单位成本，计算结果见表 2-1。

表 2-1　原材料单位成本计算表

2022 年 03 月 31 日　　金额单位：元

产品编码	原材料	单位	期初余额			本期入库			材料单位成本（加权平均）
			数量	单价	金额	数量	单价	金额	
101	荔纹头层牛皮	平方尺	12000	18.00	216000.00	28000.00	18.30	512400.00	18.21
102	树皮纹头层牛皮	平方尺	20000	22.00	440000.00	30000.00	24.00	720000.00	23.20
103	里布	米	6800	5.00	34000.00	10200.00	5.40	55080.00	5.24
201	3＃拉头	个	15000	0.30	4500.00				0.30
202	5＃拉头	个	15000	0.50	7500.00				0.50

续表

产品编码	原材料	单位	期初余额			本期入库			材料单位成本（加权平均）
			数量	单价	金额	数量	单价	金额	
203	3＃拉链	码	2000	3.60	7200.00	1000.00	3.60	3600.00	3.60
204	5＃拉链	码	2000	5.00	10000.00	1000.00	5.60	5600.00	5.20
205	D字扣	个	7000	2.00	14000.00	10500.00	2.20	23100.00	2.12
206	日字扣	个	2100	5.00	10500.00	2100.00	5.60	11760.00	5.30
207	肩带	米	2000	1.80	3600.00	8000.00	1.60	12800.00	1.64
合计					747300.00			1344340.00	

审核：李春梅　　　　制单：杜文涛

例：发出材料汇总表。31日，承上笔任务，编制发出材料汇总表（见图2-5）。

发出材料汇总表

2022年3月31日　　　　金额单位：元

产品编码	原材料	单位	单价	H113单肩女包		H213挎包		M115大号背包		H215中号背包		产品共同耗用		研发部		合计	
				数量	金额	数量	金额	数量	金额	数量	金额	数量	金额	数量	金额	数量	金额
101	荔纹头层牛皮	平方尺															
102	树皮纹头层牛皮	平方尺															
103	里布	米															
201	3#拉头	个															
202	5#拉头	个															
203	3#拉链	码															
204	5#拉链	码															
205	D字扣	个															
206	日字扣	个															
207	肩带	米															
合计																	

审核：李春梅　　　　制单：杜文涛

图 2-5　发出材料汇总表

发出材料汇总表中的单价即原材料单位成本计算表（见表2-1）中算出的单价，根据发料单填写数量，计算出相关金额，如图2-6所示。

发出材料汇总表

2022年03月31日　　　　金额单位：元

产品编码	原材料	单位	单价	H113单肩女包		H213挎包		M115大号背包		M215中号背包		产品共同耗用		研发部		合计	
				数量	金额	数量	金额	数量	金额	数量	金额	数量	金额	数量	金额	数量	金额
101	荔纹头层牛皮	平方尺	18.21									25551	465283.71	50.00	910.50	25601.00	466194.21
102	树皮纹头层牛皮	平方尺	23.2									30400	705280	20.00	464.00	30420.00	705744.00
103	里布	米	5.24									8909	46683.16			8909.00	46683.16
201	3#拉头	个	0.3	2004	601.2	2004	601.2	1600	480	1600	480					7208.00	2162.40
202	5#拉头	个	0.5	1002	501	1002	501	1600	800	1600	800					5204.00	2602.00
203	3#拉链	码	3.6	501	1803.6	501	1803.6	400	1440	400	1440					1802.00	6487.20
204	5#拉链	码	5.2	501	2605.2	501	2605.2	400	2080	400	2080					1802.00	9370.40
205	D字扣	个	2.12	2004	4248.48	2004	4248.48	1600	3392	1600	3392					7208.00	15280.96
206	日字扣	个	5.3			1002	5310.6	800	4240	800	4240					2602.00	13790.60
207	肩带	米	1.64	1302.6	2136.26	2605.2	4272.53	1200	1968	1200	1968					6307.80	10344.79
合计					11895.74		19342.61		14400		14400		1217246.87		1374.50		1278659.72

审核：李春梅　　　　制单：杜文涛

图 2-6　编制好的发出材料汇总表

任务描述:发出材料的核算

例:结转领用原材料成本。业务 58:结转本月领用原材料成本。31 日,承前三笔任务,结转本月领用原材料成本(研发部门领用材料符合资本化支出)。编制记账凭证如图 2-7 所示。

记账凭证

记字第:58 号　　日期:2022-03-31　　附单据:14 张

摘要	会计科目	借方金额	贷方金额
结转本月领用原材料成本	50010101 生产成本-H113 单肩女包-直接材料	241353.74	
结转本月领用原材料成本	50010201 生产成本-H213 挎包-直接材料	278795.48	
结转本月领用原材料成本	50010301 生产成本-M115 大号背包-直接材料	398176.00	
结转本月领用原材料成本	50010401 生产成本-M215 中号背包-直接材料	358960.00	
结转本月领用原材料成本	530102 研发支出-资本化支出	1374.50	
结转本月领用原材料成本	140301 原材料-荔纹头层牛皮		466194.21
结转本月领用原材料成本	140302 原材料-树皮纹头层牛皮		705744.00
结转本月领用原材料成本	140303 原材料-里布		46683.16
结转本月领用原材料成本	140304 原材料-3#拉头		2162.40
结转本月领用原材料成本	140305 原材料-5#拉头		2602.00
结转本月领用原材料成本	140306 原材料-3#拉链		6487.20
结转本月领用原材料成本	140307 原材料-5#拉链		9370.40
结转本月领用原材料成本	140308 原材料-D 字扣		15280.96
结转本月领用原材料成本	140309 原材料-日字扣		13790.60
结转本月领用原材料成本	140310 原材料-肩带		10344.79
合计:		1278659.72	1278659.72

图 2-7　记账凭证

知识解读:原材料发出的计价方法:月末一次加权平均法

月末一次加权平均法是指以本月全部进货数量加上月初存货数量作为权数,去除本月全部进货成本加上月初存货成本,计算出存货的加权平均单位成本,以此为基础计算本月发出存货的成本和期末结存存货的成本的一种方法。计算公式如下:

$$存货单位成本=\frac{月初结存存货成本+\sum(本月各批进货的实际单位成本\times本月各批进货的数量)}{月初结存存货的数量+本月各批进货数量之和}$$

本月发出存货的成本=本月发出存货的数量×存货单位成本

本月月末结存存货成本=月初结存存货成本+本月购进存货成本-本月发出存货成本

采用月末一次加权平均法只在月末一次计算加权平均单价，可以简化成本计算工作，但不便于存货成本的日常管理与控制。

资源导航

扫一扫，查看发出存货计价方法之加权平均法

任务3　存货清查

存货清查是通过对各项存货进行盘点和核对，查明各项存货的实存数，并与账面数进行核对，检查账实是否相符，从而保护财产物资的安全完整及保证会计信息的真实性和可靠性。存货清查首先应确定账面结存数量，再采用合适的盘点方法确定出实际结存数，然后对两者进行比较，以确定两者之间的差异，查找产生的原因，并进行调账和批准转销的账务处理。存货由于其实物形态、体积、重量、存放方式等方面各有不同，因而对其采用的清查方法也有所不同。常用的存货清查方法有实地盘点法、技术推算法和抽查盘点法。

为了明确经济责任，进行存货清查时，有关实物保管人员必须在场，并参加盘点工作，对各项实物资产的盘点结果，应如实地登记在盘存单上，并由实物保管人员和有关参加盘点人员同时签字或盖章。盘存单是记录实物盘点结果的书面文件，也是反映资产实有数的原始凭证。为了进一步查明盘点结果与账面结存余额是否一致，还应根据盘存单和账簿记录编制账存实存对比表。账存实存对比表又称盘点报告表，是记录各种实物实存数与账存数差异的重要原始凭证，在这个凭证上所确定的各种实物的账存与实存之间的差异，既是经批示后调整账簿记录的依据，也是分析盈亏原因、明确经济责任的重要依据。

任务描述：存货清查的核算

例：存货清查。业务63：存货盘点。31日，财产清查，原材料树皮纹头层牛皮盘亏。根据存货盘点报告表(见图2-8)，编制记账凭证(见图2-9)。

存货盘点报告表
2022年 03月 31日

企业名称：北京红星皮具有限公司

存货类别	存货名称	计量单位	单价	数量		盘余		亏短		盘亏原因
				账存	实存	数量	金额	数量	金额	
原材料	树皮纹头	平方尺	23.2	19580	19520			60	1392.00	

审核人：　　监盘人：杜文涛　　盘点人：冯新新

图 2-8　存货盘点报告表

记账凭证

记字第：63 号　　日期：2022-03-31　　附单据：1 张

摘要	会计科目	借方金额	贷方金额
存货盘点	1901 待处理财产损溢	1392.00	
存货盘点	140302 原材料-树皮纹头层牛皮		1392.00
合计：		1392.00	1392.00

审核：李春梅　　过账：李春梅　　出纳：　　制单：王秀玲

图 2-9　记账凭证

例：业务 64：存货盘点批准处理。31 日，承上笔任务，盘亏批准处理。根据盘盈盘亏处理报告（见图 2-10），编制记账凭证（见图 2-11）。

盘盈盘亏处理报告

公司于2022年03月31日对原材料进行盘点清查，发现原材料-树皮纹头层牛皮盘亏60平方尺，不含税价人民币壹仟叁佰玖拾贰元整（¥1392.00），经查是由于管理不善造成，经公司研究决定损失由公司承担。

北京红星皮具有限公司

2022年03月31日

图 2-10　盘盈盘亏处理报告

记账凭证

记字第：64 号　　日期：2022-03-31　　附单据：1 张

摘要	会计科目	借方金额	贷方金额
存货盘点批准处理	660212 管理费用-盘亏	1572.96	
存货盘点批准处理	1901 待处理财产损溢		1392.00
存货盘点批准处理	22210109 应交税费-应交增值税-进项税额转出		180.96
合计：		1572.96	1572.96

审核：李春梅　　过账：李春梅　　出纳：　　制单：王秀玲

图 2-11　记账凭证

知识解读:存货清查结果的账务处理

如果在财产清查过程中发现账实不符的情况,则有可能是财产管理或会计核算等方面存在问题,应当认真分析研究,按照相关法律法规和企业的规章制度进行处理。首先,应分析账实不符的原因和性质,提出处理建议。其次,要针对存在的问题和不足,总结经验教训,采取必要的措施,对于财产清查中发现的多余、积压物资,应分别不同情况及时进行处理。同时建立、健全财产管理制度,进一步提高财产管理水平。再次,根据财产盘点结果报告表等原始凭证,编制记账凭证,调整存货的账面数,使之与实存数相符。复次将所编制的财产盘点结果报告表及针对清查结果编写的报告按规定的程序一并报送有关部门和领导审批。最后,按批复意见根据不同原因进行账务处理。

为了反映存货的盘盈、盘亏情况,企业应当设置“待处理财产损溢”科目,其明细账户为“待处理流动资产损溢”。该账户借方登记存货的盘亏金额及盘盈的转销金额,贷方登记存货的盘盈金额及盘亏的转销金额;期末余额若在借方,表示尚未处理的流动资产的净损失,若在贷方表示尚未处理的流动资产的净溢余。企业清查的各种存货损溢,应在年末结账前处理完毕,期末处理后,“待处理财产损溢”科目应无余额。

一、存货盘盈的账务处理

存货盘盈时,调整存货账存数,借记“原材料”“库存商品”等科目,贷记“待处理财产损溢——待处理流动资产损溢”科目。查明原因,按管理权限报经批准后,冲减管理费用,借记“待处理财产损溢——待处理流动资产损溢”,贷记“管理费用”科目。

二、存货盘亏的账务处理

存货盘亏时,调整存货账存数,借记“待处理财产损溢——待处理流动资产损溢”科目,贷记“原材料”“库存商品”等科目。查明原因,按管理权限报经批准后,根据不同原因分别做如下账务处理:对于入库的残料价值,计入“原材料”等科目;对于应由保险公司和过失人的赔款,计入"其他应收款"科目;扣除残料价值和应由保险公司、过失人赔款后的净损失,属于一般经营损失的部分,计入"管理费用"科目,属于非常损失的部分,计入"营业外支出"等科目。

实训指导

在本次的实训任务中原材料是由于内部管理不善造成损失,属于非正常原因导致的存货盘亏,应将涉及的增值税作进项税额转出处理。

易错点解析

如果原材料日常核算采用的是计划成本计价法,在原材料盘盈盘亏处理时要注意同时结转材料成本差异。在本次的实训任务中原材料日常核算采用的是实际成本法,不存在材料成本差异的结转问题。

资源导航

扫一扫,查看存货清查

模块二　固定资产业务

任务1　固定资产取得的核算

固定资产是指为生产商品、提供劳务、出租或者经营管理而持有、使用寿命超过一个会计年度的有形资产。固定资产应当按照成本进行初始计量。

固定资产的成本,是指企业构建某项固定资产达到预定可使用状态前所发生的一切合理、必要的支出。这些支出包括直接发生的价款、相关税费、运杂费、包装费和安装成本等,也包括间接发生的,如应承担的借款利息、外币借款折算差额以及应分摊的其他间接费用。

企业取得固定资产的来源一般包括购买、自行建造、融资租入等,取得方式不同,固定资产成本的具体构成内容及其确定方法也不尽相同。本次实训主要涉及购买与自行建造方式。总之,固定资产的取得成本理论上包括企业为购建某项固定资产达到预定可使用状态前所发生的一切合理的、必要的支出(包括联合试车费用和其他间接费用)。实务中固定资产取得方式决定取得成本。

任务描述:外购固定资产的核算

例:外购固定资产。业务 15:购入固定资产(皮革专用设备——铲皮机),根据原始凭证:固定资产采购增值税专用发票(见图 2-12)、银行付款凭证(见图 2-13),编制记账凭证(见图 2-14)。

1101191130 北京增值税专用发票 № 07123233 1101191130 07123233

北京 发票联

开票日期:2022年03月10日

购买方 名称:北京红星皮具有限公司
纳税人识别号:911101060911564238
地址、电话:北京市朝阳区科技工业园158号 010-59466497
开户行及账号:交通银行北京朝阳支行 110002049052486154477

密码区 02+408-7*85-13/<5/47-5-506-8+5+>16>**89980*-8-9+33224/53+411//385930-0-685777+231 54-1076-79-9*11087<2--29*5/

货物或应税劳务、服务名称	规格型号	单位	数量	单价	金额	税率	税额
*皮革专用设备*铲皮机		台	1	300000.00	300000.00	13%	39000.00
合计					¥300000.00		¥39000.00
价税合计(大写)	⊗叁拾叁万玖仟元整				(小写) ¥339000.00		

销售方 名称:北京雅克机械设备有限公司
纳税人识别号:911101018931337541
地址、电话:北京市东城区长安路56号 010-81730443
开户行及账号:交通银行北京长安支行 110001930287462014599

备注

收款人: 复核: 开票人:张浩洋 销售方:(章)

北京雅克机械设备有限公司 911101018931337541 发票专用章

第三联:发票联 购买方记账凭证

图 2-12 固定资产采购增值税专用发票

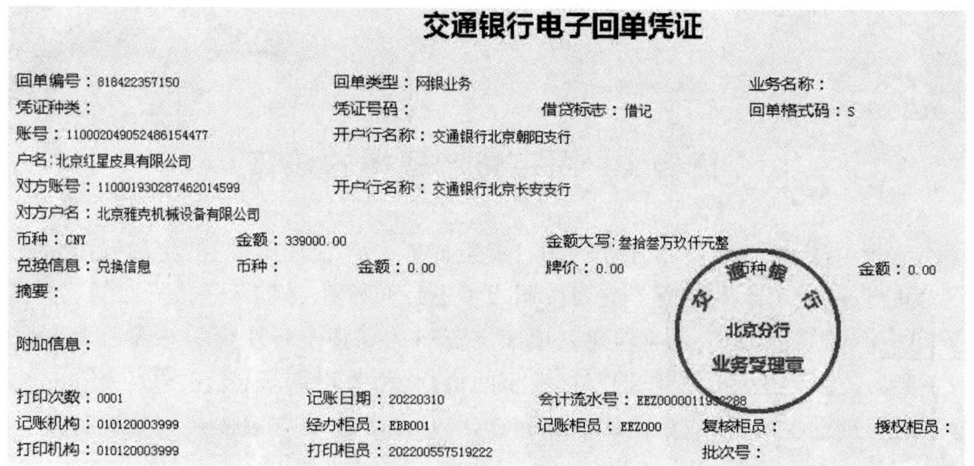

交通银行电子回单凭证

回单编号:818422357150 回单类型:网银业务 业务名称:
凭证种类: 凭证号码: 借贷标志:借记 回单格式码:S
账号:110002049052486154477 开户行名称:交通银行北京朝阳支行
户名:北京红星皮具有限公司
对方账号:110001930287462014599 开户行名称:交通银行北京长安支行
对方户名:北京雅克机械设备有限公司
币种:CNY 金额:339000.00 金额大写:叁拾叁万玖仟元整
兑换信息:兑换信息 币种: 金额:0.00 牌价:0.00 金额:0.00
摘要:
附加信息:
打印次数:0001 记账日期:20220310 会计流水号:EEZ0000011932288
记账机构:010120003999 经办柜员:EBB001 记账柜员:EEZ000 复核柜员: 授权柜员:
打印机构:010120003999 打印柜员:202200557519222 批次号:

交通银行 北京分行 业务受理章

图 2-13 采购固定资产付款凭证

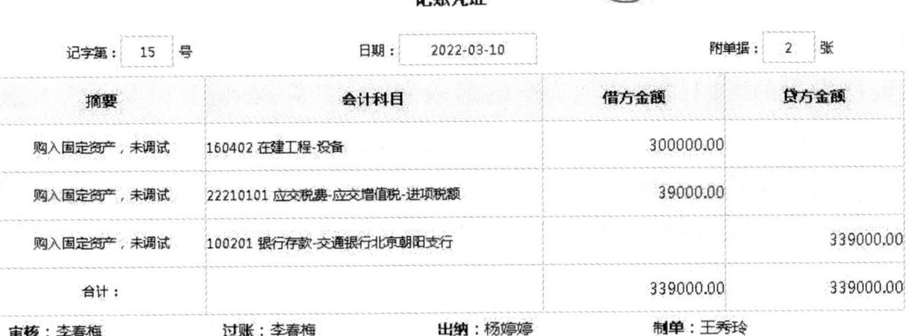

记账凭证

记字第：15 号　　日期：2022-03-10　　附单据：2 张

摘要	会计科目	借方金额	贷方金额
购入固定资产，未调试	160402 在建工程-设备	300000.00	
购入固定资产，未调试	22210101 应交税费-应交增值税-进项税额	39000.00	
购入固定资产，未调试	100201 银行存款-交通银行北京朝阳支行		339000.00
合计：		339000.00	339000.00

审核：李春梅　　过账：李春梅　　出纳：杨婷婷　　制单：王秀玲

图 2-14　记账凭证

例：固定资产验收入库。业务 16：固定资产验收入库。根据原始凭证：固定资产验收单（见图 2-15），编制记账凭证（见图 2-16）。

固定资产验收单

资产编号	202003001	资产名称	铲皮机		
规格（编号）		资产代码	CPJ03	购置日期	2022 年 03 月 10 日
计量单位	台	单价（元）	300000.00	金额（元）	300000.00
出厂日期	2021 年 11 月 16 日	管理人	冯新新		
生产厂家	北京雅克机械设备有限公司		安装使用地点	生产车间	
附件情况					

固定资产验收情况说明：

状态良好，调试完成可以投入使用。

验收确认：

冯新新

验收日期：2022 年 03 月 11 日

管理部门经理签字：杨元涛

公司总经理签字：邓伟丰

注：此表一式三份，使用部门、保管部门、财务部门各一份。

图 2-15　固定资产验收单

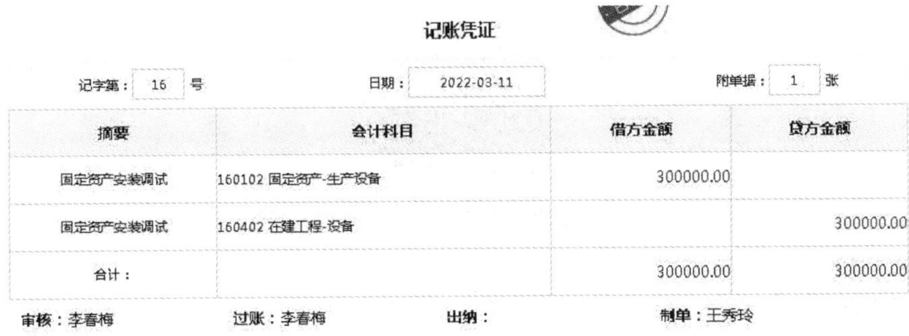

记账凭证

记字第：16 号　　日期：2022-03-11　　附单据：1 张

摘要	会计科目	借方金额	贷方金额
固定资产安装调试	160102 固定资产-生产设备	300000.00	
固定资产安装调试	160402 在建工程-设备		300000.00
合计：		300000.00	300000.00

审核：李春梅　　过账：李春梅　　出纳：　　制单：王秀玲

图 2-16　记账凭证

知识解读:外购固定资产的账务处理

企业外购的固定资产,应按实际支付的购买价款、相关税费、使固定资产达到预定可使用状态前所发生的可归属于该项资产的运输费、装卸费、安装费和专业人员服务费等,作为固定资产的取得成本。其中,相关税费不包括按照现行增值税制度规定,可以从销项税额中抵扣的增值税进项税额。

企业作为一般纳税人,购入不需要安装的固定资产时,固定资产成本包括购买价款、相关税费(关税、契税、车购税等)、使固定资产达到预定可使用状态前所发生的可归属于该项资产的运输费、装卸费、安装费和专业人员服务费等;不包括差旅费、员工培训费和可抵扣的增值税进项税额。差旅费,计入管理费用。专业人员服务费,是调试设备等发生的,调试后改变的是固定资产,属于固定资产达到预定可使用状态前发生的支出,所以计入固定资产成本;而员工培训费,是教会员工使用固定资产发生的,改变的是员工,所以不计入固定资产成本,计入当期损益。

企业作为一般纳税人,购入需要安装的固定资产时,应在购入的固定资产取得成本的基础上加上安装调试成本作为入账成本。应先通过“在建工程”核算,然后,安装完毕达到预定可使用状态时转入“固定资产”科目;购进固定资产支付的运输费,取得运输业增值税专用发票的,运输费的9%可以作为进项税额抵扣。按照发生的安装调试成本,借记“在建工程”科目,按取得的外部单位提供的增值税专用发票上注明的进项税额,借记“应交税费——应交增值税(进项税额)”科目,贷记“银行存款”“应付账款”等科目。耗用了本单位的材料或人工的,按应承担的成本金额,借记“在建工程”科目,贷记“原材料”“应付职工薪酬”等科目。安装完成达到预定可使用状态时,由“在建工程”科目转入“固定资产”科目。

企业若是小规模纳税人,购入固定资产发生的增值税进项税额应计入固定资产成本,借记“固定资产”或“在建工程”科目,不通过“应交税费——应交增值税”科目核算。

企业若以一笔款项购入多项没有单独标价的固定资产,应将各项资产单独确认为固定资产,并按各项固定资产公允价值的比例对总成本进行分配,分别确定各项固定资产的成本。

本实训中类似经济业务还有:业务22:中央空调安装验收。

资源导航

扫一扫,查看外购固定资产的财务处理

任务描述:自行建造固定资产的核算

例:自行建造固定资产。业务8:支付2#厂房勘察费。根据原始凭证:自建厂房勘察费增值税专用发票(见图2-17)、银行付款凭证(见图2-18),编制记账凭证(见图2-19)。

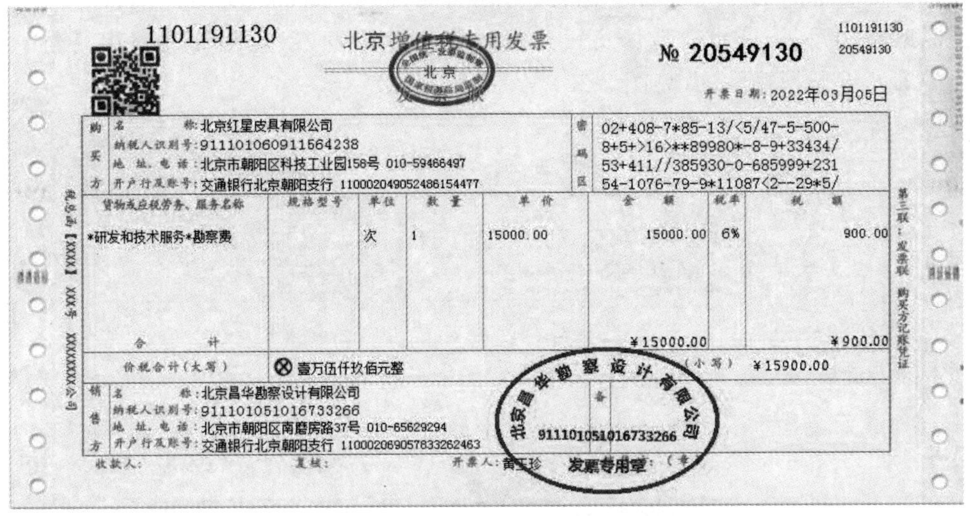

1101191130 北京增值税专用发票 № 20549130 1101191130 20549130

开票日期：2022年03月05日

购买方	名称：北京红星皮具有限公司 纳税人识别号：911101060911564238 地址、电话：北京市朝阳区科技工业园158号 010-59466497 开户行及账号：交通银行北京朝阳支行 110002049052486154477	密码区	02+408-7*85-13/<5/47-5-500- 8+5+>16>**89980*-8-9+33434/ 53+411//385930-0-685999+231 54-1076-79-9*11087<2--29*5/

货物或应税劳务、服务名称	规格型号	单位	数量	单价	金额	税率	税额
*研发和技术服务*勘察费		次	1	15000.00	15000.00	6%	900.00
合计					¥15000.00		¥900.00
价税合计（大写）	⊗壹万伍仟玖佰元整				（小写）¥15900.00		

销售方	名称：北京昌华勘察设计有限公司 纳税人识别号：911101051016733266 地址、电话：北京市朝阳区南磨房路37号 010-65629294 开户行及账号：交通银行北京朝阳支行 110002069057833262463	备注	

收款人： 复核： 开票人：黄玉玲 销售方：（章）

北京昌华勘察设计有限公司 911101051016733266 发票专用章

第三联：发票联 购买方记账凭证

图 2-17 自建厂房勘察费增值税专用发票

交通银行电子回单凭证

回单编号：818422357549 回单类型：网银业务 业务名称：

凭证种类： 凭证号码： 借贷标志：借记 回单格式码：S

账号：110008987656225638655 开户行名称：交通银行北京东城支行

户名：北京红星皮具有限公司

对方账号：110002069057833262463 开户行名称：交通银行北京朝阳支行

对方户名：北京昌华勘察设计有限公司

币种：CNY 金额：15900.00 金额大写：壹万伍仟玖佰元整

兑换信息：兑换信息 币种： 金额：0.00 牌价：0.00 币种： 金额：0.00

摘要：

附加信息：

交通银行 北京分行 业务受理章

打印次数：0001 记账日期：20220305 会计流水号：EEZ0000012032218

记账机构：010120003999 经办柜员：EBB001 记账柜员：EEZ000 复核柜员： 授权柜员：

打印机构：010120003999 打印柜员：2022005557519222 批次号：

图 2-18 支付勘察费电子回单

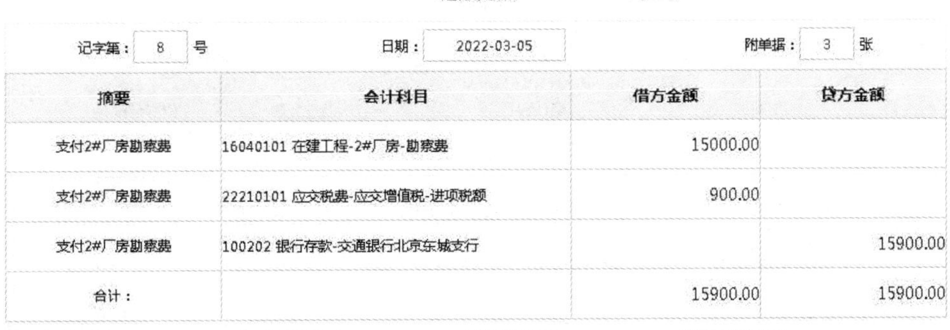

记账凭证

记字第：8 号 日期：2022-03-05 附单据：3 张

摘要	会计科目	借方金额	贷方金额
支付2#厂房勘察费	16040101 在建工程-2#厂房-勘察费	15000.00	
支付2#厂房勘察费	22210101 应交税费-应交增值税-进项税额	900.00	
支付2#厂房勘察费	100202 银行存款-交通银行北京东城支行		15900.00
合计：		15900.00	15900.00

审核：李春梅 过账：李春梅 出纳：杨婷婷 制单：王秀玲

图 2-19 记账凭证

例：自行建造固定资产。业务 34：支付厂房设计费。20 日，支付厂房设计费（2＃厂房）。根据原始凭证：自行建造厂房设计费增值税专用发票（见图 2-20）、银行付款凭证（见图 2-21），编制记账凭证（见图 2-22）。

1101191130　北京增值税专用发票　№ 20528176　1101191130 20528176

开票日期：2022年03月20日

购买方　名称：北京红星皮具有限公司
纳税人识别号：911101060911564238
地址、电话：北京市朝阳区科技工业园158号 010-59466497
开户行及账号：交通银行北京朝阳支行 110002049052486154477

密码区：02+408-7*85-13/<5/47-5-500-8+5+>16>**89980*-8-9+33434/53+411//385930-0-685999+231 54-1076-79-9*11087<2--29*5/

货物或应税劳务、服务名称	规格型号	单位	数量	单价	金额	税率	税额
*设计服务*设计费		次	1	24000.00	24000.00	6%	1440.00
合计					¥24000.00		¥1440.00
价税合计（大写）	⊗贰万伍仟肆佰肆拾元整				（小写）¥25440.00		

销售方　名称：北京市合乐设计有限公司
纳税人识别号：911101051016735821
地址、电话：北京市朝阳区北四环东路69号 010-65529363
开户行及账号：交通银行北京海淀支行 110002069057833262289

收款人：　复核：　开票人：李玉秀　销售方：（章）

第三联：发票联　购买方记账凭证

图 2-20　自行建造厂房设计费增值税专用发票

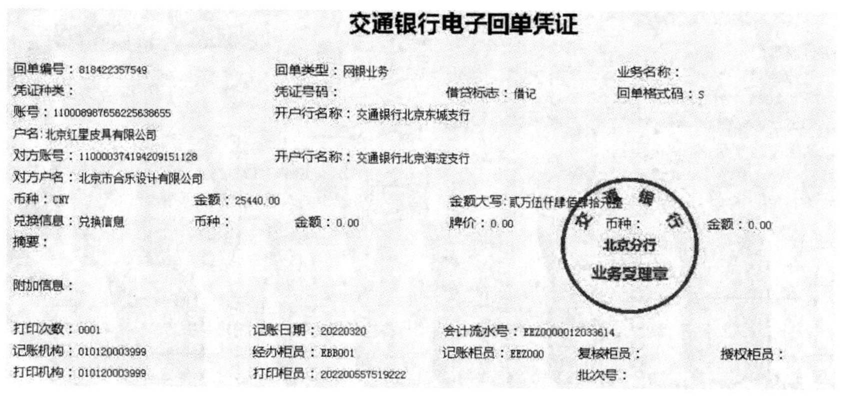

交通银行电子回单凭证

回单编号：818422357549　回单类型：网银业务　业务名称：
凭证种类：　凭证号码：　借贷标志：借记　回单格式码：S
账号：110008987658225638655　开户行名称：交通银行北京东城支行
户名：北京红星皮具有限公司
对方账号：110000374194209151128　开户行名称：交通银行北京海淀支行
对方户名：北京市合乐设计有限公司
币种：CNY　金额：25440.00　金额大写：贰万伍仟肆佰肆拾元整
兑换信息：兑换信息　币种：　金额：0.00　牌价：0.00　币种：　金额：0.00
摘要：
附加信息：
打印次数：0001　记账日期：20220320　会计流水号：EEZ0000012033614
记账机构：010120003999　经办柜员：EBB001　记账柜员：EEZ000　复核柜员：　授权柜员：
打印机构：010120003999　打印柜员：202200557519222　批次号：

图 2-21　支付设计费电子回单

记账凭证

记字第：34 号　日期：2022-03-20　附单据：2 张

摘要	会计科目	借方金额	贷方金额
支付2#厂房设计费	16040102 在建工程-2#厂房-设计费	24000.00	
支付2#厂房设计费	22210101 应交税费-应交增值税-进项税额	1440.00	
支付2#厂房设计费	100202 银行存款-交通银行北京东城支行		25440.00
合计：		25440.00	25440.00

审核：李春梅　过账：李春梅　出纳：杨婷婷　制单：王秀玲

图 2-22　记账凭证

例：自行建造固定资产。业务 39：购入工程物资。21 日，购入工程物资用于建设 2＃厂房（工程物资购入后直接领用至工程项目）。根据原始凭证：自行建造厂房采购水泥增值税专用发票（见图 2-23）、水泥入库单（见图 2-24）、水泥领料单（见图 2-25），编制记账凭证（见图 2-26）。

1101191130　北京增值税专用发票　№ 00056174　1101191130　00056174

开票日期：2022年03月21日

购买方　名　　称：北京红星皮具有限公司
纳税人识别号：911101060911564238
地 址、电 话：北京市朝阳区科技工业园158号 010-59466497
开户行及账号：交通银行北京朝阳支行 110002049052486154477

密码区：
02+408-7*85-13/<5/47-5-521-
8+5+>16>**89980*-8-9+33488/
53+411//385930-0-685999+211
54-1076-79-9*11087<2--91*5/

货物或应税劳务、服务名称	规格型号	单位	数量	单价	金额	税率	税额
*非金属矿物制品*水泥		吨	200.00	500.00	100000.00	13%	13000.00
合　计					¥100000.00		¥13000.00

价税合计（大写）　⊗壹拾壹万叁仟元整　（小写）¥113000.00

销售方　名　　称：北京正阳实业有限公司
纳税人识别号：911101060919414556
地 址、电 话：北京市东城区朝阳门南大区2号 010-59458932
开户行及账号：中国建设银行北京东城支行 41004759704059704828

备注

收款人：　复核：　开票人：郝尔丝　销售方：（章）

第三联：发票联　购买方记账凭证

图 2-23　自行建造厂房采购水泥增值税专用发票

入　库　单

2022 年 03 月 21 日　　单号 ZJ03001

交来单位及部门	北京正阳实业有限公司	验收仓库	工程	入库日期	2022.03.21	
编号	名称及规格	单位	数量		实际价格	
			交库	实收	单价	金额
Z001	水泥	吨	200.00	200.00		
合　计						

负责人：杨元涛　会计：李春梅　经办人：张勇　制单人：冯新新

财务联

图 2-24　水泥入库单

领　料　单

领料部门：2#厂房工程

用　途：施工　　2022年 03 月 21 日　　第 12011 号

材料			单位	数量		成本	
编号	名称	规格		请领	实发	单价	总价
Z001	水泥		吨	200.00	200.00		
合计	--	--	--	--	--	--	

部门经理：韩小明　会计：李春梅　仓库：冯新新　经办人：张勇

会计联

图 2-25　水泥领料单

记账凭证

记字第：39 号　　日期：2022-03-21　　附单据：3 张

摘要	会计科目	借方金额	贷方金额
购入工程物资用于2#厂房	16040103 在建工程-2#厂房-材料费	100000.00	
购入工程物资用于2#厂房	22210101 应交税费-应交增值税-进项税额	13000.00	
购入工程物资用于2#厂房	220205 应付账款-北京正阳实业有限公司		113000.00
合计：		113000.00	113000.00

审核：李春梅　　过账：李春梅　　出纳：　　制单：王秀玲

图 2-26　记账凭证

例：自行建造固定资产的利息支出。业务 49：计提 3 月份借款利息。编制记账凭证（见图 2-27）。

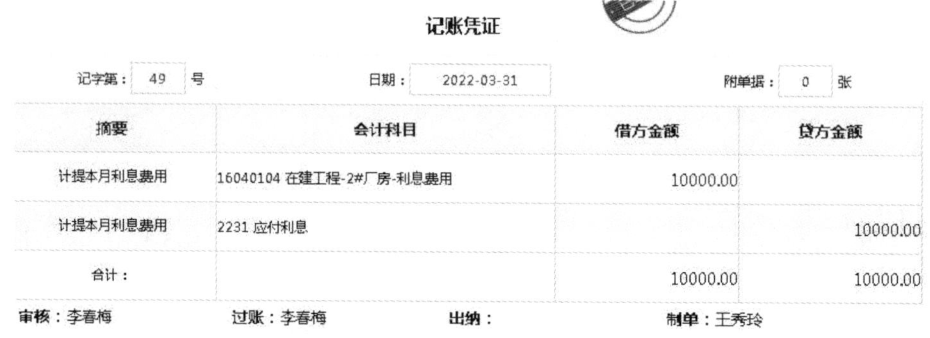

记账凭证

记字第：49 号　　日期：2022-03-31　　附单据：0 张

摘要	会计科目	借方金额	贷方金额
计提本月利息费用	16040104 在建工程-2#厂房-利息费用	10000.00	
计提本月利息费用	2231 应付利息		10000.00
合计：		10000.00	10000.00

审核：李春梅　　过账：李春梅　　出纳：　　制单：王秀玲

图 2-27　记账凭证

知识解读：自行建造固定资产的账务处理

自行建造固定资产的成本，由建造该项资产达到预定可使用状态前所发生的必要支出构成，包括工程物资成本、人工成本、缴纳的相关税费、应予资本化的借款费用以及应分摊的间接费用等。自行建造固定资产包括自营方式和出包方式。本实训项目中 2＃厂房的建造为自营工程，该工程的建造发生了厂房勘察费、在建工程利息支出、厂房设计费、工程物资等相关建造支出计入固定资产取得成本。

1.自营工程

自营工程是指企业自行组织工程物资采购、自行组织施工人员施工建造固定资产，应当按照建造该项资产达到预定可使用状态前所发生的材料、人工、机械施工费等必要支出，作为固定资产的成本。企业购入工程物资时，按照实际支付的买价、运输费、保险费等相关税费作为实际成本，计入“工程物资”科目，可以抵扣的增值税进项税额，借记“应交税费——应交增值税（进项税额）”。自营建造固定资产领用工程物资、原材料或库存商品，应按其实际成本转入所建工程成本。建造过程中应负担的职工薪酬、辅助生产部门为之提供的水、电、修理、运输等劳务，以及其他必要支出等也应计入所建工程项目的成本。应先通过“在建工程”科目核算，工程达到预定可使用状态时，再从“在建工程”科目转入“固定资产”科目。

所建造的固定资产已达到预定可使用状态，但尚未办理竣工结算的，应当自达到预定可使用状态之日起，根据工程预算、造价或者工程实际成本等，按暂估价值转入固定资产，并按有关计提固定资产折旧的规定，计提固定资产折旧。待办理竣工决算手续后再调整原来的暂估价值，但不需要调整原已计提的折旧额。

2.出包工程

出包工程是指企业通过招标方式将工程项目发包给建造承包商，由建造承包商组织施工的建筑安装工程。企业采用出包方式进行的固定资产建造，其工程的具体支出主要由建造承包商核算，“在建工程”科目是企业与建造承包商办理工程价款的结算科目，企业支付给建造承包商的工程价款作为工程成本，通过“在建工程”科目核算，不通过“预付账款”科目核算工程成本。

企业按合理估计的发包工程进度和合同规定向建造承包商结算进度款，并由对方开具增值税专用发票，按增值税专用发票上注明的价款，借记“在建工程”科目，按增值税专用发票上注明的增值税进项税额，借记“应交税费——应交增值税（进项税额）”科目，按应实际支付的金额，贷记“银行存款”科目。工程达到预定可使用状态时，按其成本，借记“固定资产”科目，贷记“在建工程”科目。

任务 2　固定资产折旧的核算

固定资产的折旧是指固定资产在使用过程中由于各种损耗而减少的价值。折旧是由损耗决定的，固定资产的损耗价值应在其预计使用年限内进行分摊，形成各期的折旧费用。

企业应在固定资产的使用寿命内，按照确定的方法对应计折旧额进行系统分摊。应计折旧是指应当计提折旧的固定资产的原价扣除其预计净残值后的金额。如果已对固定资产计提减值准备，还应当扣除已计提的固定资产减值准备累计金额。预计净残值，是指假定固定资产的预计使用寿命已满并处于使用寿命终了时的预期状态，企业目前从该项资产的处置中获得的扣除预计处置费用后的金额。企业应当根据固定资产的性质和使用情况，合理确定固定资产的预计净残值。预计净残值一经确定，不得随意变更。

影响固定资产折旧的因素主要有以下几个方面：(1)固定资产原价；(2)预计净残值；(3)固定资产减值准备；(4)固定资产的使用寿命。

固定资产的折旧范围：

(1)空间范围。企业应对所有固定资产计提折旧，但是已提足折旧仍继续使用的固定资产和单独计价入账的土地除外。

(2)时间范围。固定资产应自达到预定可使用状态时开始计提折旧，终止确认时或划分为持有待售资产时停止计提折旧。也就是固定资产当月增加，下月开始计提折旧；当月减少，当月照提折旧。

（3）特殊情况。提前报废的固定资产不补提折旧；改扩建过程中的固定资产暂不计提折旧；尚未办理竣工决算的固定资产按估价计提折旧；未使用的固定资产计提的折旧应计入管理费用；大修理停用的固定资产计提的折旧计入相关成本或当期损益。

企业应当根据与固定资产有关的经济利益的预期消耗方式，合理选择折旧方法。可选用的折旧方法包括年限平均法、工作量法、双倍余额递减法、年数总和法等。折旧方法一经确定，不得随意变更。另需要注意的是，企业不能以包括使用固定资产在内的经济活动所产生的收入为基础进行折旧。因为收入可能受到投入、生产过程、销售等因素的影响，这些因素与固定资产有关经济利益的预期消耗方式无关。

企业至少应当于每年年度终了，对固定资产的使用寿命、预计净残值和折旧方法进行复核。固定资产使用寿命、预计净残值和折旧方法的改变应作为会计估计变更。

任务描述：固定资产折旧的核算

例：计算固定资产折旧。业务 56：31 日，编制固定资产折旧计算表，如图 2-28 所示。

固定资产折旧计算表

2022 年 3 月 31 日　　　　金额单位：元

使用单位和固定资产类别		取得日期	原值	固定资产月折旧率/%	本月应提折旧额
生产车间	厂房	2017 年 10 月	1600000	0.40	6400
	生产设备	2017 年 10 月	1064000	0.80	8512
	小计		2664000		14912
管理部门	房屋	2017 年 10 月	800000	0.40	3200
	房屋（闲置）	2020 年 12 月	600000	0.40	2400
	运输设备	2017 年 12 月	256600	2.00	0
	管理设备	2017 年 10 月	58000	1.60	928
	小计		1714600		6528
研发部门	管理设备	2017 年 10 月	65000	1.60	1040
	小计		65000		1040
销售部门	管理设备	2017 年 10 月	25000	1.60	400
	小计		25000		400
合计			4468600		22880

审核：李春梅　　　　制单：杜文涛

图 2-28　固定资产折旧表

例：固定资产折旧的核算。业务 56：计提折旧。31 日，承上笔任务，计提折旧（研发部门折旧符合资本化支出）。编制记账凭证（见图 2-29）。

记账凭证

记字第:56 号　　日期:2022 年 3 月 31 日　　附单据:1 张

摘要	会计科目	借方金额	贷方金额
计提折旧	510104 制造费用-折旧费	14912.00	
计提折旧	660210 管理费用-折旧费	6528.00	
计提折旧	660106 销售费用-折旧费	400.00	
计提折旧	530102 研发支出-资本化支出	1040.00	
计提折旧	160201 累计折旧-房屋建筑物		12000.00
计提折旧	160202 累计折旧-生产设备		8512.00
计提折旧	160204 累计折旧-管理设备		2368.00
合计:		22880.00	22880.00

审核:李春梅　　过账:李春梅　　出纳:　　制单:杜文涛

图 2-29　记账凭证

知识解读:固定资产折旧的账务处理

固定资产应当按月计提折旧,计提的折旧应当计入“累计折旧”科目,并根据用途计入相关资产的成本或者当期损益:

(1)企业基本生产车间所使用的固定资产,其计提的折旧应计入制造费用。

(2)管理部门所使用的固定资产,其计提的折旧应计入管理费用。

(3)销售部门所使用的固定资产,其计提的折旧应计入销售费用。

(4)自行建造固定资产过程中使用的固定资产,其计提的折旧应计入在建工程成本。

(5)经营租出的固定资产,其计提的折旧应计入其他业务成本。

(6)未使用的固定资产,其计提的折旧应计入管理费用。

资源导航

扫一扫,查看固定资产折旧方法的选择

任务 3　固定资产的后续支出核算

固定资产的后续支出是指固定资产使用过程中发生的更新改造支出、修理支出等。企业的固定资产在投入使用后,为了适应新技术发展的需要,或者为维护或提高固定资产的使用效能,往往需要对现有固定资产进行改良、维护、改建和扩建。固定资产后续支出处理的基本原则是：符合固定资产确认条件的，应当计入固定资产成本，同时将被替换部分的账面价值扣除；不符合固定资产确认条件的，应当计入当期损益。

任务描述：固定资产维修的核算

例：固定资产维修。业务 42：设备维修费。22 日，结合第 100 笔任务，管理部门报销设备维修费。根据原始凭证：固定资产维修费增值税专用发票（见图 2-30）、银行付款凭证（见图 2-31），编制记账凭证（见图 2-32）。

1101191130　　北京增值税专用发票　　№ 20546298　　1101191130　20546298

发 票 联

开票日期：2022年03月22日

购买方
名　　称：北京红星皮具有限公司
纳税人识别号：911101060911564238
地 址、电 话：北京市朝阳区科技工业园158号 010-59466497
开户行及账号：交通银行北京朝阳支行 110002049052486154477

密码区
02+408-7*85-13/<5/47-5-500-
8+5+>16>**89980*-8-9+33434/
53+411//385930-0-685999+231
54-1076-79-9*11087<2--29*5/

货物或应税劳务、服务名称	规格型号	单位	数量	单价	金额	税率	税额
*劳务*修理修配劳务		次	1	8000.00	8000.00	13%	1040.00
合　　计					¥8000.00		¥1040.00

价税合计（大写）⊗玖仟零肆拾元整　　（小写）¥9040.00

销售方
名　　称：北京日新机电有限公司
纳税人识别号：911101018937496126
地 址、电 话：北京市城南区北四南路129号 01087329844
开户行及账号：中国工商银行北京城南支行 4100002356487217722

备注

收款人：　　复核：　　开票人：张丽萍　　销售方：（章）

税总函【XXXX】XXX号 XXXXXXXX公司

第三联：发票联 购买方记账凭证

图 2-30　固定资产维修费增值税专用发票

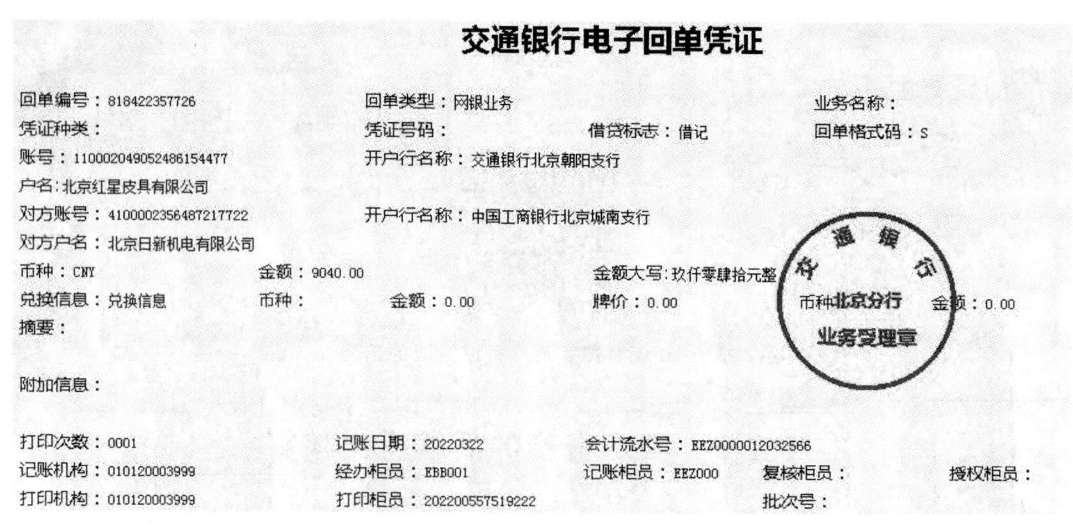

交通银行电子回单凭证

回单编号：818422357726　　回单类型：网银业务　　业务名称：
凭证种类：　　凭证号码：　　借贷标志：借记　　回单格式码：S
账号：110002049052486154477　　开户行名称：交通银行北京朝阳支行
户名：北京红星皮具有限公司
对方账号：4100002356487217722　　开户行名称：中国工商银行北京城南支行
对方户名：北京日新机电有限公司
币种：CNY　　金额：9040.00　　金额大写：玖仟零肆拾元整
兑换信息：兑换信息　　币种：　　金额：0.00　　牌价：0.00　　币种：　　金额：0.00
摘要：
附加信息：
打印次数：0001　　记账日期：20220322　　会计流水号：EEZ0000012032566
记账机构：010120003999　　经办柜员：EBB001　　记账柜员：EEZ000　　复核柜员：　　授权柜员：
打印机构：010120003999　　打印柜员：202200557519222　　批次号：

图 2-31　支付维修费电子回单

记账凭证

记字第：42 号　　日期：2022-03-22　　附单据：3 张

摘要	会计科目	借方金额	贷方金额
设备维修费	660205 管理费用-维修费	8000.00	
设备维修费	22210101 应交税费-应交增值税-进项税额	1040.00	
设备维修费	100201 银行存款-交通银行北京朝阳支行		9040.00
合计：		9040.00	9040.00

审核：李春梅　　过账：李春梅　　出纳：杨婷婷　　制单：王秀玲

图 2-32　记账凭证

知识解读:固定资产后续支出的核算

1.资本化的后续支出

固定资产的更新改造、修理等后续支出,满足固定资产确认条件的,应当计入固定资产成本。具体的会计处理为:

(1)将固定资产的账面价值转入在建工程。因已转入在建工程,所以停止计提折旧。

(2)达到预定可使用状态时,再从在建工程转为固定资产,并按重新确定的固定资产原价、使用寿命、预计净残值和折旧方法计提折旧;

(3)固定资产后续支出可能涉及替换原固定资产的某组成部分,应将被替换部分的账面价值扣除;

(4)对固定资产定期检查发生的大修理费用,有确凿证据表明符合固定资产确认条件的部分,应予资本化计入固定资产成本。

2.费用化的后续支出

固定资产在使用过程中,由于磨损、各组成部分耐用程度不同,可能导致固定资产的局部损坏,为了维护固定资产的正常运转和使用,充分发挥其使用效能,企业会对固定资产进行必要的维护。日常维护支出通常不满足固定资产的确认条件,应在发生时直接计入当期损益。

(1)企业行政管理部门等发生的固定资产修理费用等后续支出计入管理费用;借记"管理费用""应交税费——应交增值税(进项税额)"科目,贷记"银行存款"等科目;

(2)企业专设销售机构的,其发生的与专设销售机构相关的固定资产修理费用等后续支出计入销售费用;

(3)企业固定资产更新改造支出不满足固定资产确认条件的,在发生时应直接计入当期损益。

模块三　无形资产业务

任务 1　无形资产的初始计量

无形资产是指企业拥有或者控制的没有实物形态的可辨认非货币性资产，主要包括：专利权、非专利技术、商标权、著作权、土地使用权（自用）、特许权。商誉不属于无形资产，因为商誉是不可辨认的。人脉资源、人力资源，构成计算机控制的机械工具不可或缺的软件，企业的品牌价值，企业自创的商誉、企业外购的商誉等，均不属于无形资产。

无形资产应当按照实际成本进行初始计量，即以取得无形资产并使其达到预定用途发生的全部支出作为无形资产的成本。无形资产的取得方式不同，其成本构成也不尽相同。外购无形资产的成本包括购买价款、相关税费（不包括可以从销项税额中抵扣的增值税进项税额）以及直接归属于使该项资产达到预定用途所发生的其他支出。取得增值税普通发票的，按照注明的价税合计金额作为无形资产的成本，其进项税额不可抵扣。

企业内部研究开发项目所发生的支出应区分研究阶段支出和开发阶段支出。研究阶段具有计划性和探索性的特点，它为进一步的开发活动进行资料及相关方面的准备，这一阶段不会形成阶段性成果，因此，有关支出在发生时应当费用化计入当期损益。开发是指在进行商业性生产或使用前，将研究成果或其他知识应用于某项计划或设计，以生产出新的或具有实质性改进的材料、装置、产品等。相对于研究阶段而言，开发阶段对项目的开发具有针对性，形成成果的可能性较大。此时如果企业能够证明满足无形资产的定义及相关确认条件，所发生的开发支出可以资本化，确认为无形资产的成本。

任务描述：无形资产研发支出的核算

例：研发支出。业务 18：报销研发费用。12 日，报销研发费用（不符合资本化支出）。根据原始凭证：版包增值税专用发票（见图 2-33）、报销申请单（见图 2-34），编制记账凭证（见图 2-35）。

例：研发支出。业务 68：结转研发支出。31 日，结转本月研发支出（费用化支出）。编制记账凭证（见图 2-36）。

1101191130　　北京增值税专用发票　　№ 02241652　　1101191130　02241652

发票联

开票日期：2022年03月12日

购买方	名　　称：北京红星皮具有限公司 纳税人识别号：911101060911564238 地 址、电 话：北京市朝阳区科技工业园158号 010-59466497 开户行及账号：交通银行北京朝阳支行 110002049052486154477	密码区	3-65745<19458<3881098+-//90 75/37503848*7>+>/5--0>+>/55 >*8574>+>/5567-7<8*8734+-16 13-3001>+>/5152-/>714-66879

货物或应税劳务、服务名称	规格型号	单位	数量	单价	金额	税率	税额
*皮革毛皮制品*挎包（女）		个	1	600.00	600.00	13%	78.00
*皮革毛皮制品*背包（女）		个	1	600.00	600.00	13%	78.00
*皮革毛皮制品*单肩包（女）		个	1	800.00	800.00	13%	104.00
合　　计					¥2000.00		¥260.00
价税合计（大写）	⊗贰仟贰佰陆拾元整				（小写）¥2260.00		

销售方	名　　称：北京王府井投资管理有限公司 纳税人识别号：911101060911083566 地 址、电 话：北京市大兴区工业开发区 010-59430809 开户行及账号：交通银行北京东城支行 11000204905248628906	备注	北京王府井投资管理有限公司 911101060911083566 发票专用章

收款人：　　复核：　　开票人：张妍妍　　销售方：（章）

第三联：发票联　购买方记账凭证

图 2-33　版包增值税专用发票

报销申请单

填报日期：2022年 03 月 12 日

姓名	汤忠清	所属部门	研发部　现金付讫
报销项目	摘　　要	金　　额	备注：
挎包（女）	报销研发费用	678.00	
背包（女）	报销研发费用	678.00	
单肩包（女）	报销研发费用	904.00	
合　　计		¥2260.00	
金额大写：零拾 零万 贰仟 贰佰 陆拾 零元 零角 零分			

报销人：汤忠清　　部门审核：　　财务审核：李春梅　　审批：邢伟平

图 2-34　报销申请单

记账凭证

记字第：18 号　　日期：2022-03-12　　附单据：2 张

摘要	会计科目	借方金额	贷方金额
研发部门报销版包费用	530101 研发支出-费用化支出	2000.00	
研发部门报销版包费用	22210101 应交税费-应交增值税-进项税额	260.00	
研发部门报销版包费用	1001 库存现金		2260.00
合计：		2260.00	2260.00

审核：李春梅　　过账：李春梅　　出纳：杨婷婷　　制单：王秀玲

图 2-35　记账凭证

记账凭证

记字第：68 号　　日期：2022-03-31　　附单据：0 张

摘要	会计科目	借方金额	贷方金额
结转研发支出	660213 管理费用-研发支出	3124.00	
结转研发支出	530101 研发支出-费用化支出		3124.00
合计：		3124.00	3124.00

审核：李春梅　　过账：李春梅　　出纳：　　制单：王秀玲

图 2-36　记账凭证

知识解读：自行研究开发无形资产的核算

自行研究开发形成的无形资产，其成本由可直接归属于该资产的创造、生产并使该资产能够以管理层预定的方式运作的所有必要支出组成。可直接归属成本包括开发该无形资产时耗费的材料、劳务成本、注册费、在开发该无形资产过程中使用的其他专利权和特许权的摊销、按照借款费用的处理原则可资本化的利息支出，以及为使该无形资产达到预定用途前所发生的其他费用。在开发无形资产过程中发生的除上述可直接归属于无形资产成本之外的其他销售费用、管理费用等间接费用、无形资产达到预定用途前发生的可辨认的无效和初始运作损失、为运行该无形资产发生的培训支出等不构成无形资产的开发成本。

值得强调的是，内部开发无形资产的成本仅包括在满足资本化条件的时点至无形资产达到预定用途前发生的支出总和，对于同一项无形资产在开发过程中达到资本化条件之前已经费用化计入损益的支出不再进行调整。

企业进行研究与开发无形资产过程中发生的各项支出均应先通过“研发支出”科目归集，后续分别结转。研究阶段的支出全部费用化，计入当期损益；开发阶段的支出符合资本化条件的才能资本化，不符合资本化条件的计入当期损益。如果无法可靠区分研究阶段的支出和开发阶段的支出，应将其所发生的研发支出全部费用化，计入当期损益，计入“管理费用”科目的借方。研究支出核算图谱(见图 2-37)：

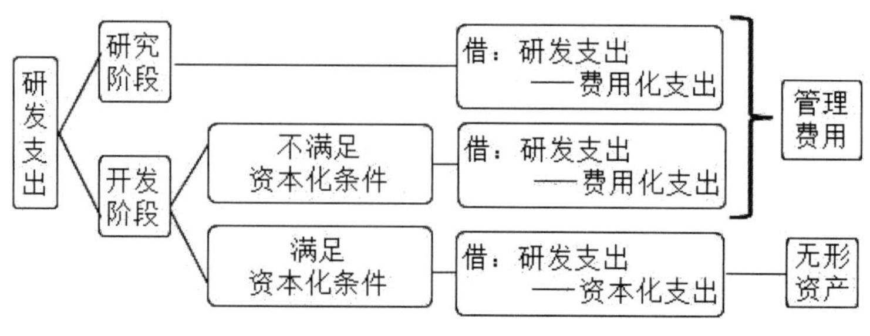

图 2-37　研究支出核算图谱

任务 2　无形资产的后续支出核算

无形资产的后续计量以其使用寿命为基础。企业应当于取得无形资产时分析判断其使用寿命,使用寿命有限的无形资产应进行摊销,使用寿命不确定的无形资产不应摊销。

对于使用寿命有限的无形资产,应在其预计使用寿命内采用系统合理的方法对应摊销金额进行摊销。其中应摊销金额是指无形资产成本扣除预计净残值后的金额,无形资产的残值通常视为零。

无形资产的摊销期自其可供使用(即其达到预定用途)时起至终止确认时止。即当月增加的无形资产,当月开始摊销;当月减少的无形资产,当月不再摊销。无形资产的摊销方法包括年限平均法(即直线法)、生产总量法等。企业选择的无形资产摊销方法,应根据与无形资产有关的经济利益的预期消耗方式作出决定,并一致地运用于不同会计期间。无法可靠确定其预期消耗方式的,应当采用直线法进行摊销。企业通常不应以包括使用无形资产在内的经济活动所产生的收入为基础进行摊销,极其特殊情况除外。另外,企业采用车流量法对高速公路经营权进行摊销的,不属于以包括使用无形资产在内的经济活动产生的收入为基础的摊销方法。

企业至少应当于每年年度终了,对无形资产的使用寿命和摊销方法进行复核,如果有证据表明无形资产的使用寿命和摊销方法不同于以前的估计,应改变其摊销年限和摊销方法。摊销年限和摊销方法的变更属于会计估计变更。

任务描述:无形资产摊销的核算

例:无形资产摊销。业务 48:无形资产摊销。31 日,摊销本月无形资产。根据原始凭证:无形资产摊销表(见图 2-38),编制记账凭证(见图 2-39)。

无形资产摊销表

2022年03月31日

项目	取得日期	原值	摊销年限	月摊销额	备注
土地使用权A	2017/10/7	2100000	30	5833.33	管理部门
商标权	2017/10/7	500000	10	4166.67	管理部门
自主研发(非专利技术)	2019/11/1	350000	10	2916.67	管理部门
合计		2950000		12916.67	

审核:李春梅　　　　制表:王秀玲

图 2-38　无形资产摊销表

记账凭证

记字第：48 号　　日期：2022-03-31　　附单据：1 张

摘要	会计科目	借方金额	贷方金额
无形资产摊销	660211 管理费用-无形资产摊销	12916.67	
无形资产摊销	170201 累计摊销-土地使用权A		5833.33
无形资产摊销	170202 累计摊销-商标权		4166.67
无形资产摊销	170203 累计摊销-自主研发（非专利技术）		2916.67
合计：		12916.67	12916.67

审核：李春梅　　过账：李春梅　　出纳：　　制单：王秀玲

图 2-39　记账凭证

知识解读:无形资产摊销的核算

无形资产的摊销额一般应当计入当期损益。企业管理用的无形资产,其摊销金额计入管理费用;出租的无形资产,其摊销金额计入其他业务成本;某项无形资产包含的经济利益通过所生产的产品或其他资产实现的,其摊销金额应当计入相关资产成本(制造费用)。

模块四　应付及预付款任务

任务 1　应付账款及应付票据的核算

应付款项是指企业因购买材料、商品或接受劳务供应等经营活动而应付未付的款项,企业开出承兑的商业汇票称为应付票据。

任务描述:应付账款的核算

例:应付账款。业务 14:支付材料款。根据原始凭证:银行付款凭证(见图 2-40),编制记账凭证(见图 2-41)。

交通银行电子回单凭证

回单编号：818422357124 回单类型：网银业务 业务名称：
凭证种类： 凭证号码： 借贷标志：借记 回单格式码：S
账号：110002049052486154477 开户行名称：交通银行北京朝阳支行
户名：北京红星皮具有限公司
对方账号：110000374194209154567 开户行名称：交通银行北京海淀支行
对方户名：北京汉森皮革贸易有限公司
币种：CNY 金额：1100000.00 金额大写：壹佰壹拾万元整
兑换信息：兑换信息 币种： 金额：0.00 牌价：0.00 币种： 金额：0.00
摘要：
附加信息：
打印次数：0001 记账日期：20220310 会计流水号：EEZ0000011932269
记账机构：010120003999 经办柜员：EBB001 记账柜员：EEZ000 复核柜员： 授权柜员：
打印机构：010120003999 打印柜员：202200557519222 批次号：

交通银行 北京分行 业务受理章

图 2-40 付款电子回单

记账凭证

记字第：14 号 日期：2022-03-10 附单据：1 张

摘要	会计科目	借方金额	贷方金额
支付材料款	220201 应付账款-北京汉森皮革贸易有限公司	1100000.00	
支付材料款	100201 银行存款-交通银行北京朝阳支行		1100000.00
合计：		1100000.00	1100000.00

审核：李春梅 过账：李春梅 出纳：杨婷婷 制单：王秀玲

图 2-41 记账凭证

知识解读：应付款项的账务处理

企业应设置“应付账款”科目核算应付账款的发生、偿还、转销等情况。该科目的贷方登记应付未付款项的增加，借方登记应付未付款项的减少，期末贷方余额反映企业尚未支付的应付账款余额。本科目可以按债权人设置明细科目进行明细核算。应付账款一般在较短期限内支付，但有时由于债权单位撤销或其他原因而使应付账款无法清偿。企业对于确实无法支付的应付账款应予以转销，按其账面余额计入营业外收入，借记“应付账款”科目，贷记“营业外收入”科目。

企业应设置“应付票据”科目核算应付票据的开出、偿付等情况。该科目的贷方登记应付开出、承兑汇票的面值，借方登记支付票据的金额，期末贷方余额反映企业尚未到期的商业汇票的票面金额。企业因开出银行承兑汇票而支付的手续费，应当计入财务费用。商业承兑汇票到期，如企业无力支付票款，应将应付票据按账面余额转作应付账款，借记“应付票据”科目，贷记“应付账款”科目。如果是银行承兑汇票到期，企业无力支付，则由承兑银行代为支付作为付款企业的贷款处理，企业应将应付票据的账面余额转作短期借款，借记“应付票据”科目，贷记“短期借款”科目。企业应当设置“应付票据备查簿”，详细登记商业汇票的种类、号数和出票日期、到期日、票面余额、交易合同号和收款人姓名或单位名称以及付款日期和金额等资料。应付票据到期结清时，上述内容应当在备查簿内予以注销。

本实训中还有：

业务 29：支付丝印费。

业务 36：支付销售中心办公室搬迁运费，都是关于应付账款的核算。

易错点解析

实务中，企业一般在材料、商品和发票账单同时到达的情况下，在所购材料、商品验收入库，确认所购材料、商品的金额、品种、数量和质量等与合同规定的条款相符后，根据发票账单登计入账，确认应付账款。要注意当所购材料、商品已经验收入库，发票账单未能同时到达的情况下，企业应付材料、商品供应单位的债务已经成立，在会计期末，为了反映企业的负债情况，需要将所购材料、商品和相关的应付账款暂估入账，待下月初用红字将上月末暂估入账的应付账款予以冲销，待收到发票账单后再按照实际金额记账。

资源导航

扫一扫，查看采购应付账款的处理

任务 2　预付账款的核算

预付账款是指企业按照合同规定预付的款项，如预付的材料、商品采购款、在建工程价款等。

任务描述：预付账款的核算

例：预付账款。业务 17：预付审计费。11 日，预付 30%审计费。根据原始凭证：银行付款凭证（见图 2-42），编制记账凭证（见图 2-43）。

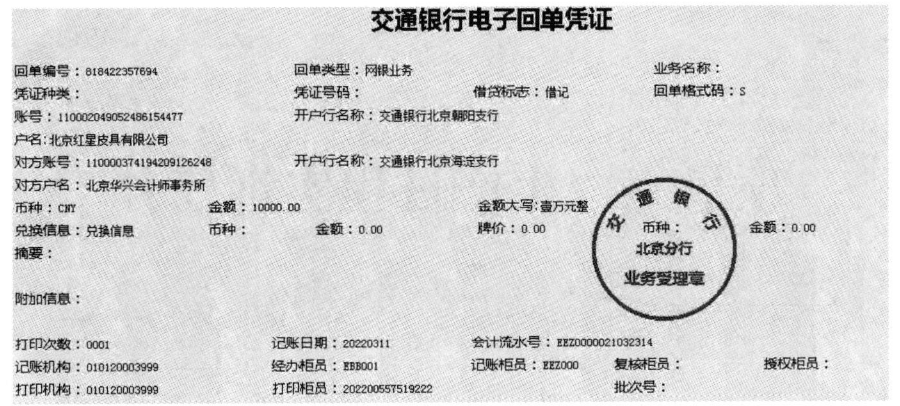

交通银行电子回单凭证

回单编号：818422357694　回单类型：网银业务　业务名称：

凭证种类：　凭证号码：　借贷标志：借记　回单格式码：S

账号：110002049052486154477　开户行名称：交通银行北京朝阳支行

户名：北京红星皮具有限公司

对方账号：110000374194209126248　开户行名称：交通银行北京海淀支行

对方户名：北京华兴会计师事务所

币种：CNY　金额：10000.00　金额大写：壹万元整

兑换信息：兑换信息　币种：　金额：0.00　牌价：0.00　币种：　金额：0.00

摘要：

附加信息：

打印次数：0001　记账日期：20220311　会计流水号：EEZ0000021032314

记账机构：010120003999　经办柜员：EBB001　记账柜员：EEZ000　复核柜员：　授权柜员：

打印机构：010120003999　打印柜员：2022005575l9222　批次号：

图 2-42　付款电子回单

已审核

记账凭证

记字第：17 号　日期：2022-03-11　附单据：1 张

摘要	会计科目	借方金额	贷方金额
预付审计费	112304 预付账款-北京华兴会计师事务所	10000.00	
预付审计费	100201 银行存款-交通银行北京朝阳支行		10000.00
合计：		10000.00	10000.00

审核：李春梅　过账：李春梅　出纳：杨婷婷　制单：王秀玲

图 2-43　记账凭证

知识解读：预付账款的账务处理

企业应当设置“预付账款”科目反映和监督预付账款的增减变动及其结存情况。“预付账款”科目的借方登记预付及补付的款项，贷方登记收到所购物资时根据有关发票账单计入“原材料”等科目的金额及收回多付款项的金额，期末余额在借方，反映企业实际预付的款项；如果期末余额在贷方，则反映企业应付或应补付的款项。预付款项情况不多的企业，可以不设置“预付账款”科目，而将预付的款项通过“应付账款”科目核算。

本实训中还有关于预付账款的业务。业务 30：预付装修款。16 日，预付办公室装修款(票到后计入当期费用)。

资源导航

扫一扫，查看采购预付账款的处理(一)

扫一扫，查看采购预付账款的处理(二)

项目三　生产过程实训任务

知识目标、技能目标与素质目标

模块	知识目标	技能目标	素质目标
成本要素核算	掌握成本各要素的归集与分配	掌握职工薪酬、外购动力、制造费用的核算	树立诚信守约的职业道德；树立节约成本与控制成本的观念；科学严谨。
产成品核算	掌握完工产品成本的核算	掌握产品成本在完工产品与在产品之间的分配	
成本分析	掌握成本分析方法	掌握因素分析法	

本项目主要参考法规索引

1.《企业会计准则——基本准则》、《企业会计准则第 1 号——存货(2006)》；

2.财会〔2013〕17 号财政部关于印发《企业产品成本核算制度(试行)》的通知；

3.管理会计基本指引；

4.管理会计应用指引第 300 号——成本管理、管理会计应用指引第 301 号——目标成本法、管理会计应用指引第 302 号——标准成本法、管理会计应用指引第 303 号——变动成本法、管理会计应用指引第 304 号——作业成本法。

模块一　成本各要素的核算

任务 1　职工薪酬的核算

职工薪酬，是指企业为获得职工提供的服务或解除劳动关系而给予的各种形式的报酬或补偿。职工薪酬主要包括短期薪酬、离职后福利、辞退福利和其他长期职工福利。企业提供给职工配偶、子女、受赡养人、已故员工遗属及其他受益人等的福利，也属于职工薪酬。

职工薪酬主要包括以下内容：

1.短期薪酬

短期薪酬，是指企业预期在职工提供相关服务的年度报告期间结束后12个月内全部支付的职工薪酬，因解除与职工的劳动关系给予的补偿除外。因解除与职工的劳动关系给予的补偿属于辞退福利的范畴。短期薪酬主要包括：

（1）职工工资、奖金、津贴和补贴。

（2）职工福利费，包括发放给职工或为职工支付的各项现金补贴和非货币性集体福利：①为职工卫生保健、生活等发放或支付的各项现金补贴和非货币性福利，包括职工因公外地就医费用、职工疗养费用、防暑降温费等；②企业尚未分离的内设集体福利部门所发生的设备、设施和人员费用；③发放给在职职工的生活困难补助以及按规定发生的其他职工福利支出，如丧葬补助费、抚恤费、职工异地安家费、独生子女费等。

（3）医疗保险费、工伤保险费和生育保险费等社会保险费，企业为职工缴纳的养老保险费、失业保险费、企业年金属于离职后福利。

（4）住房公积金。

（5）工会经费和职工教育经费。

（6）短期带薪缺勤，是指企业支付工资或提供补偿的职工缺勤，包括年休假、病假、短期伤残、婚假、产假、丧假、探亲假等。

（7）短期利润分享计划，是指因职工提供服务而与职工达成的基于利润或其他经营成果提供薪酬的协议。

（8）非货币性福利。

（9）其他短期薪酬，是指除上述薪酬以外的其他为获得职工提供的服务而给予的短期薪酬。

2.离职后福利

离职后福利，是指企业为获得职工提供的服务而在职工退休与企业解除劳动关系后，提供的各种形式的报酬和福利，属于短期薪酬和辞退福利的除外。离职后福利计划按其特征可以分为设定提存计划和设定受益计划。

3.辞退福利

辞退福利，是指企业在职工劳动合同到期之前解除与职工的劳动关系，或者为鼓励职工自愿接受裁减而给予职工的补偿。

4.其他长期职工福利

其他长期职工福利，是指除短期薪酬、离职后福利、辞退福利之外所有的职工薪酬，包括长期带薪缺勤、长期残疾福利、长期利润分享计划等。

知识解读：职工薪酬费用的归集与分配

1.职工薪酬费用分配的核算

根据会计期间假设和以权责发生制为基础的要求，企业成本核算员每月终了时，应在会计部门根据计算出的职工薪酬，按车间、部门分别编制出“职工薪酬结算单”的基础上，区分受益对象来分配职工薪酬费用。分配职工薪酬费用时，应先在明确两个问题（即职工薪酬中哪些应计入成本、费用;以及应计入成本、费用的职工薪酬哪些可直接计入,哪些需要采用分配方法分配计入)的基础上,先解决职工薪酬费用的分配对象和分配方法问题。

(1)职工薪酬费用的分配对象

职工薪酬费用分配对象的确定与材料费用的分配基本相同,即按谁受益谁负担的原则进行分配。具体来说,为产品生产而发生的职工薪酬应由基本生产部门的各产品负担;为基本生产提供产品或劳务所发生的职工薪酬应由辅助生产部门生产的各产品或劳务承担;各生产部门的管理人员发生的薪酬由各生产部门的制造费用负担;企业行政管理部门发生的薪酬则由管理费用承担。

(2)职工薪酬费用的分配方法

职工薪酬费用的分配方法指的是将其计入产品成本的方法。职工薪酬计入产品成本的方法,因工资计算形式的不同而有所区别。

①计时工资形式下的分配

在计时工资形式下,基本生产部门的生产工人工资计入产品成本的方法是:如果该生产部门只是生产一种产品,则直接计入基本生产成本账户的"直接工资"成本项目;如果是两种及两种以上的产品,则要把生产工人的工资按适当的分配标准分配计入基本生产成本账户的"直接工资"成本项目。可选择的标准一般有两个:一是产品生产的实用工时;二是产品生产的定额工时。

上述两种标准中按实用工时比例分配比较合理,因为它能够将产品所分配的工资与劳动生产率联系起来。即某种产品如果单位产品耗用的生产工时减少,说明劳动生产率提高,其所分配的人工成本就应减少;相反,如果单位产品耗用的工时增加,说明劳动生产率降低,其所分配的人工成本就应增加。但如果取得各种产品的实际生产工时的数据比较困难,而各种产品的单件工时定额比较准确,也可以按产品的定额工时比例分配人工成本。工资分配的计算公式如下:

工资费用分配率=生产工人工资总额/各种产品实际工时(或定额工时)之和

某种产品应分配的工资费用=该产品的实际工时(或定额工时)×工资费用分配率

②计件工资形式下的分配

生产工人的计件工资与产品生产直接联系,因此,发生时直接计入基本生产成本账户的"直接工资"成本项目。对于基本生产工人的奖金、津贴则要采用一定的标准分配计入产品成本的"直接工资"成本项目。其分配方法一般是按直接计入产品成本的生产工人计件工资额比例进行分配。

在实际工作中,职工薪酬的分配,一般是通过编制"职工薪酬分配表"进行的。编制的依据是"工资结算单"。

2.职工薪酬分配的会计处理

核算企业职工薪酬的分配,除应通过有关成本费用账户外,还要通过"应付职工薪酬"账户的贷方,核算已分配计入有关成本费用项目的职工薪酬数额。

(1)货币性职工薪酬的会计处理

企业应当在职工为其提供服务的会计期间,根据职工提供服务的受益对象,将应确认的职工薪酬(包括货币性薪酬和非货币性福利)计入相关资产成本或当期损益,同时确认为应付职工薪酬。具体分别以下情况进行处理:

生产部门人员的职工薪酬,借记"基本生产成本""辅助生产成本""制造费用""劳务成本"等账户,贷记"应付职工薪酬"账户。

管理部门人员的职工薪酬,借记"管理费用"账户,贷记"应付职工薪酬"账户。

销售人员的职工薪酬,借记"销售费用"账户,贷记"应付职工薪酬"账户。

在建工程、研发支出负担的职工薪酬,借记"在建工程""研发支出"账户,贷记"应付工薪酬"账户。

对于企业工资以外的职工薪酬项目,如果政府有明确规定计提基础和计提比例的,应按规定标准计提。譬如,企业应向社会保险经办机构(或企业年金基金账户管理人)缴纳的医疗保险费、养老保险费、失业保险费、工伤保险费、生育保险费等社会保险费;应向住房公积金管理中心缴存的住房公积金以及应向工会部门缴纳的工会经费等就是此类情况。而对于政府(或企业年金计划)没有明确规定计提基础和计提比例的职工薪酬项目,如职工福利、职工教育经费等,企业应当根据实际发生额进行核算并比照工资费用分配进行。

(2)非货币性职工薪酬的会计处理

企业以非货币性资产作为福利发给职工的,应根据非货币性资产的不同性质进行相应的账务处理。

①企业以自产产品作为非货币性福利发放给职工的,应当根据受益对象,按照该产品的公允价值,计入相关资产成本或当期损益,同时确认应付职工薪酬。分录为借记"基本生产成本""辅助生产成本""制造费用""管理费用"等账户,贷记"应付职工薪酬——非货币性福利"账户。

②企业将拥有的房屋等资产无偿提供给职工使用的,应当根据受益对象,将该住房每期应计提的折旧计入相关资产成本或当期损益,同时确认应付职工薪酬。分录为借记"基本生产成本""辅助生产成本""制造费用""管理费用"等账户,贷记"应付职工薪酬——非货币性福利""累计折旧"账户。

③租赁住房等资产供职工无偿使用的,应当根据收益对象,将每期应付的租金计入相关资产成本或当期损益,并确认应付职工薪酬。

任务描述:职工薪酬的分配与核算

例:根据职工薪酬汇总表(见图 3-1),编制职工薪酬分配表(见图 3-2)(分配率保留四位小数,分配金额保留两位小数,尾差计入 M215 中号背包),同时分配本月职工薪酬(研发部门职工薪酬符合资本化支出),编制会计分录。

职工薪酬分配计算结果见图 3-3,具体计算过程分析如下(分配率保留四位小数点,尾差计入 M215 中号背包):

职工薪酬汇总表

2022年03月31日　　金额单位：元

部门		短期薪酬						离职后福利		合计
		应付工资	缴费基数	医疗保险	工伤保险	住房公积金	工会经费	养老保险	失业保险	
				10.80%	0.20%	12.00%	2.00%	16.00%	0.80%	
生产车间	生产工人	466558.82	355600.00	38404.80	711.20	42672.00	9331.18	56896.00	2844.80	617418.80
	管理人员	36570.59	33000.00	3564.00	66.00	3960.00	731.41	5280.00	264.00	50436.00
管理部门		95875.29	93000.00	10044.00	186.00	11160.00	1917.51	14880.00	744.00	134806.80
研发部门		61085.29	52200.00	5637.60	104.40	6264.00	1221.71	8352.00	417.60	83082.60
销售部门		63405.88	58000.00	6264.00	116.00	6960.00	1268.12	9280.00	464.00	87758.00
合计		723495.87	591800.00	63914.40	1183.60	71016.00	14469.93	94688.00	4734.40	973502.20

审核：李春梅　　制单：杜文涛

图 3-1　职工薪酬汇总表

职工薪酬分配表

2022年03月31日　　金额单位：元

受益对象		分配标准（工时）	分配率	分配金额
生产车间	H113单肩女包	3800.00		
	H213挎包	4950.00		
	M115大号背包	5250.00		
	M215中号背包	5400.00		
	小计	19400.00		
车间管理人员				
管理部门				
研发部门				
销售部门				
合计				

审核：李春梅　　制单：杜文涛

图 3-2　职工薪酬分配表

其中，生产车间分配率＝生产工人工资总额/各种产品实际工时之和

＝617418.80/19400

＝31.8257

H113 单肩女包＝H113 单肩女包的实际工时×生产车间分配率

＝3800×31.8257

＝120937.66

H213 挎包＝H213 挎包的实际工时×生产车间分配率

＝4950×31.8257

＝157537.22

M115 大号背包＝M115 大号背包的实际工时×生产车间分配率

=5250×31.8257

=167084.93

M215 中号背包=生产工人工资总额-H13 单肩女包-H213 挎包-M115 大号背包

=617418.80-120937.66-157537.22-167084.93

=171858.99

职工薪酬分配表

2022年03月31日　　金额单位：元

受益对象		分配标准（工时）	分配率	分配金额
生产车间	H113单肩女包	3800.00	31.8257	120937.66
	H213挎包	4950.00	31.8257	157537.22
	M115大号背包	5250.00	31.8257	167084.93
	M215中号背包	5400.00	31.8257	171858.99
	小计	19400.00		617418.8
车间管理人员				50436
管理部门				134806.8
研发部门				83082.6
销售部门				87758
合计				973502.2

审核：李春梅　　制单：杜文涛

图 3-3　职工薪酬分配表

根据职工薪酬分配表编制记账凭证见图 3-4。

记账凭证

记字第：52 号　　日期：2022-03-31　　附单据：2 张

摘要	会计科目	借方金额	贷方金额
分配职工薪酬	50010102生产成本-H113单肩女包-直接人工	120937.66	
分配职工薪酬	50010202生产成本-H213挎包-直接人工	157537.22	
分配职工薪酬	50010302生产成本-M115大号背包-直接人工	167084.93	
分配职工薪酬	50010402生产成本-M215中号背包-直接人工	171858.99	
分配职工薪酬	510101制造费用-职工薪酬	50436.00	
分配职工薪酬	530102研发支出-资本化支出	83082.60	
分配职工薪酬	660101销售费用-职工薪酬	87758.00	
分配职工薪酬	22110101应付职工薪酬-短期薪酬-工资		723495.87
分配职工薪酬	22110102应付职工薪酬-短期薪酬-医疗保险		63914.40
分配职工薪酬	22110103应付职工薪酬-短期薪酬-工伤保险		1183.60
分配职工薪酬	22110201应付职工薪酬-离职后福利-养老保险		94688.00
分配职工薪酬	22110202应付职工薪酬-离职后福利-失业保险		4734.40
分配职工薪酬	22110105应付职工薪酬-短期薪酬-住房公积金		71016.00
分配职工薪酬	22110106应付职工薪酬-短期薪酬-工会经费		14469.93
合计：		973502.20	973502.20

审核：李春梅　　过账：李春梅　　出纳：　　制单：杜文涛

图 3-4　记账凭证

任务 2　外购动力的核算

外购动力费用的分配原则是:在不同受益单位或对象有仪表记录的情况下,应根据各仪表所示耗用动力的数量以及动力的单价直接计算计入受益单位的成本、费用;在没有仪表的情况下,则要按一定的标准分配计入各受益对象,如可以按生产工时的比例、机器功率时数(机器功率×机器时数)的比例或定额耗用量的比例分配。

任务描述:外购动力的分配与核算

例 1:编制外购水费分配表(见图 3-5),支付并分配水费(研发部门水费符合费用化支出),编制会计分录。

外购水费分配表

2022年03月31日　　　　金额单位:元

受益对象	耗用量(吨)	分配率	分配金额
生产车间	350.00		
管理部门	103.00		
研发部门	20.00		
销售部门	20.00		
合计	493.00		

审核:　李春梅　　　　制单:杜文涛

图 3-5　外购水费分配表

例题解析:分配率=2070.6/493=4.2,具体分配结果见图 3-6。

外购水费分配表

2022年03月31日　　　　金额单位:元

受益对象	耗用量(吨)	分配率	分配金额
生产车间	350.00	4.20	1470.00
管理部门	103.00	4.20	432.60
研发部门	20.00	4.20	84.00
销售部门	20.00	4.20	84.00
合计	493.00		2070.60

审核:　李春梅　　　　制单:杜文涛

图 3-6　外购水费分配表

根据分配结果编制记账凭证(见图 3-7)。

记账凭证

记字第: 54 号　　日期: 2022-03-31　　附单据: 2 张

摘要	会计科目	借方金额	贷方金额
支付并分配水费	510103制造费用-水电费	1470.00	
支付并分配水费	660209管理费用-水电费	432.60	
支付并分配水费	530101研发支出-费用化支出	84.00	
支付并分配水费	660105销售费用-水电费	84.00	
支付并分配水费	22210101应交税费-应交增值税-进项税额	186.35	
支付并分配水费	100201银行存款-交通银行北京朝阳支行		2256.95
合计:		2256.95	2256.95

审核: 李春梅　　过账: 李春梅　　出纳: 杨婷婷　　制单: 杜文涛

图 3-7 记账凭证

例:编制外购电费分配表(见图 3-8),支付并分配电费(研发部门电费符合费用化支出),编制会计分录。

外购电费分配表

2022年03月31日　　金额单位: 元

受益对象	耗用量(千瓦时)	分配率	分配金额
生产车间	30095.00		
管理部门	2905.00		
研发部门	400.00		
销售部门	500.00		
合计	33900.00		

审核: 李春梅　　制单: 杜文涛

图 3-8 外购电费分配表

例题解析:分配率=27120/33900=0.8,具体分配结果见图 3-9。

外购电费分配表

2022年03月31日　　金额单位: 元

受益对象	耗用量(千瓦时)	分配率	分配金额
生产车间	30095.00	0.80	24076
管理部门	2905.00	0.80	2324
研发部门	400.00	0.80	320
销售部门	500.00	0.80	400
合计	33900.00		27120

审核: 李春梅　　制单: 杜文涛

图 3-9 外购电费分配表

根据分配结果编制记账凭证如图 3-10：

记账凭证

记字第：55 号　　日期：2022-03-31　　附单据：3 张

摘要	会计科目	借方金额	贷方金额
支付并分配电费	510103制造费用-水电费	24076.00	
支付并分配电费	660209管理费用-水电费	2324.00	
支付并分配电费	530101研发支出-费用化支出	320.00	
支付并分配电费	660105销售费用-水电费	400.00	
支付并分配电费	22210101应交税费-应交增值税-进项税额	3525.60	
支付并分配电费	100201银行存款-交通银行北京朝阳支行		30645.60
合计：		30645.60	30645.60

审核：李春梅　　过账：李春梅　　出纳：杨婷婷　　制单：杜文涛

图 3-10　记账凭证

任务 3　制造费用的分配与归集

知识解读

通过制造费用的归集，企业在某一会计期间发生的制造费用都已归属到制造费用的明细账内。在会计期末时，为了正确计算产品的生产成本，还要将其合理地分配到有关产品成本中去。分配原则是：在基本生产部门只生产一种产品的情况下，其归集的制造费用是直接计入费用，应直接计入该种产品的成本；在生产多种产品的情况下，则间接计入费用应采用适当的分配方法分配计入各种产品的成本。分配的方法很多，通常采用的有生产工时比例法、生产工人工资比例法、机器工时比例法以及年度计划分配率法等。

1.生产工时比例法

生产工时比例法是按照各种产品所用生产工人工时的比例分配制造费用的一种方法。

其计算公式如下：

制造费用分配率＝制造费用总额/各产品生产工时总数

某种产品应分配的制造费用＝该种产品生产工时×制造费用分配率

2.生产工人工资比例法

生产工人工资比例法是按照计入各种产品成本的生产工人实际工资的比例分配制造费用的方法。其计算公式为：

制造费用分配率＝制造费用总额/各产品生产工人工资总额

某种产品应负担的制造费用＝该种产品生产工人工资×制造费用分配率

3.机器工时比例法

机器工时比例法是按照各种产品生产时所用机器设备时数作为分配标准来分配制造

费用的一种方法。其计算公式为：

制造费用分配率＝制造费用总额/各产品所用机器工时总数

某种产品应负担的制造费用＝该种产品机器工时数×制造费用分配率

4.年度计划分配率法

年度计划分配率法是根据企业正常经营条件下的年度制造费用预算数和预计产量的定额标准数预先计算分配率，然后按此分配率分配制造费用的一种方法。这种分配方法的基本步骤是：

(1)计算年度计划分配率

年度计划分配率的计算公式为：

制造费用年度计划分配率＝年度制造费用计划总额/年度预计产量的定额标准数

(2)按计划分配率分配制造费用

公式为：

某种产品应分配的制造费用＝该种产品的实际产量定额标准×年度计划分配率

(3)处理分配的差异

按计划分配率分配的制造费用数额与制造费用实际数额之间一般存在差异，对此差异的处理方法是：年末时，将其差异额按已分配的比例进行一次再分配，计入各生产单位所生产的各产品成本中去。实际数大于已分配数的，用蓝字补计，小于已分配数的用红字冲回。

任务描述：制造费用的分配与核算

例：编制制造费用分配表(见图 3-11)(分配率保留 4 位小数，分配金额保留 2 位小数，尾差计入 M215 中号背包)，分配本月制造费用，编制会计分录。

制造费用分配表

2022年03月31日　　　　金额单位：元

受益对象		分配标准（工时）	分配率	分配金额
生产车间	H113单肩女包	3800.00		
	H213挎包	4950.00		
	M115大号背包	5250.00		
	M215中号背包	5400.00		
	小计	19400.00		

审核：李春梅　　　　制单：杜文涛

图 3-11　制造费用分配表

例题解析：本例中制造费用按工时标准分配，分配率＝95060/19400＝4.9，具体分配结果如图 3-12 所示。

制造费用分配表

2022年03月31日　　　　金额单位：元

受益对象		分配标准（工时）	分配率	分配金额
生产车间	H113单肩女包	3800.00	4.90	18620
	H213挎包	4950.00	4.9	24255
	M115大号背包	5250.00	4.9	25725
	M215中号背包	5400.00	4.9	26460
	小计	19400.00		95060

审核：李春梅　　　　制单：杜文涛

图 3-12　制造费用分配表

根据分配结果编制记账凭证如图 3-13 所示。

记账凭证

记字第：59 号　　　　日期：2022-03-31　　　　附单据：1 张

摘要	会计科目	借方金额	贷方金额
分配本月制造费用	50010103 生产成本-H113单肩女包-制造费用	18620.00	
分配本月制造费用	50010203 生产成本-H213挎包-制造费用	24255.00	
分配本月制造费用	50010303 生产成本-M115大号背包-制造费用	25725.00	
分配本月制造费用	50010403 生产成本-M215中号背包-制造费用	26460.00	
分配本月制造费用	510101 制造费用-职工薪酬		50436.00
分配本月制造费用	510102 制造费用-职工教育经费		480.00
分配本月制造费用	510103 制造费用-水电费		25546.00
分配本月制造费用	510104 制造费用-折旧费		14912.00
分配本月制造费用	510105 制造费用-设计费		3686.00
合计：		95060.00	95060.00

审核：李春梅　　过账：李春梅　　出纳：　　制单：杜文涛

图 3-13　记账凭证

资源导航

扫一扫，查看制造费用的归集和分配

模块二　产成品的核算

任务1　完工产品成本的计算

要准确核算在产品成本，必须准确地确定在产品数量。在产品数量的确定方式通常有两种：一是通过账面核算资料确定，二是通过月末实地盘点确定。在采用第一种确定方式时，要求企业设置“在产品收发存账簿”，这种账簿也叫“在产品台账”，通过在产品台账的登记，反映在产品的数量。

在产品数量与完工产品成本计算的关系：

在产品数量是核算在产品成本的基础，在产品成本与完工产品成本之和就是产品的生产费用总额。由于本期期末在产品成本就是下期期初在产品成本，因此，在产品成本与完工产品成本的计算关系可用以下公式表示：

月初在产品成本＋本月生产费用＝本月完工产品成本＋月末在产品成本

知识解读：生产费用在完工产品与在产品之间的分配

企业归集各项生产费用、计算在产品数量，其目的是确定完工产品成本。生产费用在完工产品与在产品之间的分配方法主要有约当产量法、定额比例法、定额成本法等。

1.约当产量法

约当产量是指将月末实际结存的在产品数量，按其完工程度折算为相当于完工产品的数量。约当产量法就是根据完工产品数量和月末在产品约当产量比例来分配生产费用，从而确定完工产品成本和月末在产品成本的方法。计算公式为：

在产品约当产量＝月末在产品数量×完工程度（或投料程度）

完工产品费用分配额＝本月完工产品数量×费用分配率

在产品费用分配额＝月末在产品的约当产量×费用分配率

（1）分配直接材料费用时在产品约当产量的计算

方法一：在产品不折算的方法。

方法二：在产品需要按投料程度折算的方法。投料程度时又分为两种情况：（1）直接材料的投入程度与完工程度完全相同或基本相同。在此情况下分配直接材料费用时，在产品的约当产量可按完工度折算。（2）直接材料的投入程度与完工程度不相同，在此情况下分配直接材料费用时，在产品约当产量应按投料程度折算，其公式为：

$$\text{某工序投料程度}=\frac{\left(\begin{array}{c}\text{单位在产品截至本工序前}\\\text{投入直接材料费用累计}\end{array}+\begin{array}{c}\text{单位在产品本工序}\\\text{投入直接材料费用数}\end{array}\right)\times 50\%}{\text{单位完工产品应投入直接材料费}}$$

某工序在产品约当产量＝该工序月末在产品数量×该工序投料程度

(2)分配其他成本项目费用时在产品约当产量计算

其他成本项目主要指直接人工费和制造费用。这些费用的发生通常与产品的完工程度有着密切的关系，即随着生产工艺过程的进行而不断增加，产品完工程度越高，投入的费用越少，因而分配时应按产品的完工程度来计算在产品约当产量。在产品完工程度的计算一般有两种方法：

方法一：按平均完工程度计算，即所有的在产品一律按50%计算，对于生产费用发生比较均衡的企业，这样做即可以简化核算工作，又可以及时计算出在产品的约当产量。

方法二：按各工序的累计工时定额数占完工产品工时定额数比率计算。

2.定额比例法

定额比例法是按照完工产品和月末在产品的定额消耗量比例分配生产费用的方法，其计算公式为：

完工产品定额消耗量＝完工产品数量×单位完工产品消耗定额

在产品定额消耗量＝月末在产品数量×单位在产品消耗定额

$$费用分配率=\frac{月初在产品成本+本月生产费用}{完工产品定额消耗量+在产品定额消耗量}$$

完工产品成本＝完工产品定额消耗量×费用分配率

月末在产品成本＝月末在产品定额消耗量×费用分配率

或

月末在产品成本＝本月生产费用累计－完工产品成本

3.定额成本法

定额成本法是指根据在产品单位定额成本和月末在产品数量计算月末在产品成本后，将月末在产品成本从本月生产费用累计数中扣除，再得出本月完工产品成本的方法。计算公式：

在产品材料定额成本＝在产品数量×单位材料消耗定额×计划单价

在产品工资定额成本＝在产品数量×单位工时定额×单位定额工资

月末在产品定额成本＝在产品材料定额成本＋在产品工资定额成本＋在产品费用定额成本

或

月末在产品定额成本＝月末在产品数量×单位在产品定额成本

完工产品成本＝月初在产品成本＋本月生产费用－月末在产品定额成本

4.其他方法

在实际工作中，为了进一步简化核算工作，企业可根据具体情况采用一些简化方法进行月末在产品成本计算：

(1)在产品成本按年初在产品成本计算的方法。

(2)在产品成本按所耗直接材料费用计算的方法。

(3)在产品按加工费用计算月末在产品成本的方法。

任务描述:月末用约当产量法计算完工产品成本

例:计算各工序在产品完工程度及月末在产品约当产量(见图 3-14)。(提示:完工程度以百分号表示,且保留百分号前两位小数,在产品约当产量合计保留整数)。

期末在产品约当产量计算表

2022年03月31日　　　　单位:个

产品名称	工序	耗时(m)	完工程度	期末在产品数量	在产品约当产量
H113单肩女包	开料	60			
	台面	140		200	
	车位	50		50	
	合计	250		250	
H213挎包	开料	70			
	台面	130		130	
	车位	50		70	
	合计	250		200	
M115大号背包	开料	90			
	台面	198			
	车位	72		50	
	合计	360		50	
M215中号背包	开料	80			
	台面	200		50	
	车位	80			
	合计	360		50	

审核:李春梅　　　　制单:杜文涛

图 3-14　期末在产品约当产量计算表

例题解析:根据约当产量法计算期末在产品约当数量(见图 3-15),编制产品成本计算单(见图 3-16)。

其中:H113 单肩女包完工程度

开料=60×50%÷250=0.12(12%)

台面=(60+140×50%)÷250=0.52(52%)

车位=(60+140+50×50%)÷250=0.9(90%)

在产品约当产量

台面=200×52%=104

车位=50×90%=45

(下面几种产品的计算方法与 H113 单肩女包相同)

期末在产品约当产量计算表

2022年03月31日　　单位：个

产品名称	工序	耗时（m）	完工程度	期末在产品数量	在产品约当产量
H113单肩女包	开料	60	12.00%		
	台面	140	52.00%	200	104
	车位	50	90.00%	50	45
	合计	250		250	149
H213挎包	开料	70	14.00%		
	台面	130	54.00%	130	70.20
	车位	50	90.00%	70	63
	合计	250		200	133
M115大号背包	开料	90	12.50%		
	台面	198	52.50%		
	车位	72	90.00%	50	45
	合计	360		50	45
M215中号背包	开料	80	11.11%		
	台面	200	50.00%	50	25
	车位	80	88.89%		
	合计	360		50	25

审核：李春梅　　制单：杜文涛

图 3-15　期末在产品约当产量计算表

产品成本计算单

2022年03月31日

项目		月初在产品成本	本月发生费用	生产费用合计	产量			单位成本	完工产品总成本	期末在产品成本
					完工产品产量	期末在产品约当产量	合计			
H113单肩女包	直接材料	47642.00	241353.74	288995.74	950.00	250.00	1200.00	240.8298	228788.31	60207.43
	直接人工	8128.25	120937.66	129065.91	950.00	149.00	1099.00	117.4394	111567.43	17498.48
	制造费用	2111.50	18620	20731.5	950.00	149.00	1099.00	18.864	17920.8	2810.7
	小计	57881.75	380911.4	438793.15				377.13	358276.54	80516.61
H213挎包	直接材料	69450.00	278795.48	348245.48	1100.00	200.00	1300.00	267.8811	294669.21	53576.27
	直接人工	14280.00	157537.22	171817.22	1100.00	133.00	1233.00	139.3489	153283.79	18533.43
	制造费用	3504.00	24255	27759	1100.00	133.00	1233.00	22.5134	24764.74	2994.26
	小计	87234.00	460587.7	547821.7				429.74	472717.74	75103.96
M115大号背包	直接材料	68298.00	398176	466474	900.00	50.00	950.00	491.0253	441922.77	24551.23
	直接人工	10417.50	167084.93	177502.43	900.00	45.00	945.00	187.8333	169049.97	8452.46
	制造费用	3375.00	25725	29100	900.00	45.00	945.00	30.7937	27714.33	1385.67
	小计	82090.50	590985.93	673076.43				709.65	638687.07	34389.36
M215中号背包	直接材料	64920.00	358960	423880	900.00	50.00	950.00	446.1895	401570.55	22309.45
	直接人工	9870.00	171858.99	181728.99	900.00	25.00	925.00	196.4638	176817.42	4911.57
	制造费用	2797.50	26460	29257.5	900.00	25.00	925.00	31.6297	28466.73	790.77
	小计	77587.50	557278.99	634866.49				674.28	606854.7	28011.79
合计		304793.75	1989764.02	2294557.77					2076536.05	218021.72

审核：李春梅　　制单：杜文涛

图 3-16　产品成本计算单

任务 2　完工产品成本结转

知识解读：完工产品成本的结转

企业生产的完工产品，应由生产车间按缴库数量填制“产品入库单”，随同完工产品送交成品仓库，经检验合格即可入库。

任务描述：编制产品成本计算单

例：编制产品成本计算单。（提示："单位成本"保留 4 位小数，"单位成本合计"保留 2 位小数，尾差计入期末在产品成本）结转本月完工产品成本，编制会计分录。

例题解析：

根据以上原始凭证编制记账凭证如图 3-17 所示。

记账凭证

记字第：60 号　　日期：2022-03-31　　附单据：5 张

摘要	会计科目	借方金额	贷方金额
结转本月完工产品成本	140501 库存商品-H113单肩女包	358276.54	
结转本月完工产品成本	140502 库存商品-H213挎包	472717.74	
结转本月完工产品成本	140503 库存商品-M115大号背包	638687.07	
结转本月完工产品成本	140504 库存商品-M215中号背包	606854.70	
结转本月完工产品成本	50010101 生产成本-H113单肩女包-直接材料		228788.31
结转本月完工产品成本	50010102 生产成本-H113单肩女包-直接人工		111567.43
结转本月完工产品成本	50010103 生产成本-H113单肩女包-制造费用		17920.80
结转本月完工产品成本	50010201 生产成本-H213挎包-直接材料		294669.21
结转本月完工产品成本	50010202 生产成本-H213挎包-直接人工		153283.79
结转本月完工产品成本	50010203 生产成本-H213挎包-制造费用		24764.74
结转本月完工产品成本	50010301 生产成本-M115大号背包-直接材料		441922.77
结转本月完工产品成本	50010302 生产成本-M115大号背包-直接人工		169049.97
结转本月完工产品成本	50010303 生产成本-M115大号背包-制造费用		27714.33
结转本月完工产品成本	50010401 生产成本-M215中号背包-直接材料		401570.55
结转本月完工产品成本	50010402 生产成本-M215中号背包-直接人工		176817.42
结转本月完工产品成本	50010403 生产成本-M215中号背包-制造费用		28466.73
合计：		2076536.05	2076536.05

审核：李春梅　　过账：李春梅　　出纳：　　制单：杜文涛

图 3-17　记账凭证

模块三　成本分析

任务 1　完工产品成本分析

成本分析方法是为了满足企业各管理层次了解成本状况及进行经营决策的需要，以成本核算资料为基础，结合其他有关的核算、计划和统计资料，采用一定的方法解剖成本变动原因、经营管理问题及业绩的管理活动。

成本分析方法是进行成本分析的重要手段，运用得当将给成本分析的整个过程带来有利的影响。

1.比较分析法

比较分析法是将分析期的实际数同某些选定的基准数进行对比来揭示实际数与基准数之间的差异,借以了解成本管理中的成绩和问题的一种分析方法。

比较的基数由于分析的目的不同而有所不同,一般有计划数、定额数、前期实际数、以往年度同期实际数以及本企业的历史先进水平和国内外同行业的先进水平等。

将实际数与计划数或定额数对比,可以揭示计划或定额的执行情况,但在分析时还应检查计划或定额本身是否既先进又切实可行,因为实际数与计划数或定额数之间存在差异,除了实际工作的原因以外,还可能是由于计划或定额太保守或不切实际造成的;将本期实际数与前期实际数或以往年度同期实际数对比,可以考究成本的发展变化情况;将本期实际数与本企业的历史先进水平对比,将本企业实际数与国内外同行业的先进水平对比,可以发现与先进水平之间的差距,从而学习先进,赶上和超过先进。

在运用比较分析法时,必须注意指标的内容、计划标准、时间长短和计算方法的可比性,考虑所处的环境、客观条件。

2.比率分析法

比率分析法是通过计算各项指标之间的相对数,即比率,借以考察成本活动的相对效益的一种分析方法。比率分析法主要有相关指标比率分析法和结构比率分析法两种。

(1)相关指标比率分析法

它是计算两个性质不同而又相关的指标的比率进行数量分析的方法。在实际工作中由于企业规模不同等原因,单纯对比销售收入或利润等绝对数的多少,不能准确说明各个企业经济效益好坏。如果计算成本与销售收入或利润相比的相对数,即销售收入成本率或成本利润率,就可以较为准确地反映各企业经济效益的好坏。

销售收入成本率高的企业经济效益差,比率低的企业经济效益好。成本利润率则反之,即比率高的企业经济效益好,比率低的企业经济效益差。

(2)结构比率分析法

结构比率分析法又称比重分析法,或称构成比率分析法。它主要是通过计算某项成本指标的各个组成部分占总体的比重来分析其内容构成的变化,例如:把构成产品生产成本的各个成本项目(直接材料、直接工资、制造费用)与产品生产成本比较,计算占总成本的比重,然后把不同时期同样产品的成本构成相比较,观察产品成本构成的变化与提高生产技术水平和加强经营管理的关系,就能为进一步降低成本指明方向。

3.因素分析法

以上两种方法,只能揭示实际数与其基数之间的差异,即揭示差距,但难以揭示产生差距的原因。因为一个经济指标的完成,往往是多种因素影响的结果。只有把这种综合性的指标分解为各种构成因素,并找出主要因素,分清责任,才能了解指标完成好坏的真正原因。这种把综合性指标分解为各个因素的方法,称为因素分析法。

由于各构成因素之同相互关系的复杂性不同,因素分析法又可分为定量因素分析法和定性因素分析法。

(1)定量因素分析法

定量因素分析法又称连环替代法，它是用来分析引起某个经济指标变动的各个因素影响程度的一种数量分析方法。

运用因素分析法的一般程序是：

①确定某项指标由哪几个因素构成；

②确定各个因素与该指标的关系，是加减关系还是乘除关系；

③采用适当方法分解因素；

④计算确定各个因素影响的数额。

(2)定性的因素分析法

连环替代法是从数量上说明影响程度，但还有很多具体因素是无法用数量来加以说明的，如影响原材料费用高低的因素之一有单位产品原材料消耗，但影响单位产品消耗量的因素还有很多，如工人的技术水平、机器设备的先进水平、材料的质量、管理水平等都将影响单耗。为此，应在此基础上结合实际情况查明影响该项指标变动的具体原因。

任务描述：成本分析

甲企业主要生产 A 产品，关于 A 产品的产量与成本情况如表 3-1 所示。

表 3-1　产品的产量与成本情况表

项目	材料名称	单位	材料单价/元		2022 年 03 月(发生金额/元)	上年同期(发生金额/元)
			2022 年 03 月	去年同期		
产量	—	—	—	—	24000	21600
直接材料	皮料	尺	18.5	16.8	7459200	6259680
	五金	件	3	3.2	302400	284774.4
	辅料	米	5	4.8	660000	596160
	小计	—	—	—	8421600	7140614.4
直接人工	工时	小时	12	11	1584000	1366200
制造费用	水费	—	—	—	20000	18000
	电费	—	—	—	220000	200000
	折旧	—	—	—	180000	180000
	车间管理人员工资	—	—	—	456000	425000
	其他固定支出	—	—	—	120000	100000
	小计	—	—	—	996000	923000
合计		—	—	—	11001600	9429814.4

1.根据资料用因素分析法分析成本变动情况，填制与去年同期比较表(见表 3-2)：

表 3-2 成本变动分析表

项目	产量变动对成本影响	单耗变动对成本的影响	单价格变动对成本的影响	影响合计金额
皮料				
五金				
辅料				
小计				

根据因素分析法分析成本变动情况，数值保留小数点后 2 位，比例值保留百分号 2 位小数。具体计算过程分析如下：

2022 年皮料单耗＝7459200÷24000÷18.5＝16.8

2021 年皮料单耗＝6259680÷21600÷16.8＝17.25

2022 年五金单耗＝302400÷24000÷3＝4.2

2021 年五金单耗＝284774.4÷21600÷3.2＝4.12

2022 年辅料单耗＝660000÷24000÷5＝5.5

2021 年辅料单耗＝596160÷21600÷4.8＝5.75

(1)产量变动对成本的影响(产量变动＝24000－21600＝2400)

皮料＝6259680÷21600×2400＝695520

五金＝284774.4÷21600×2400＝31641.6

辅料＝596160÷21600×2400＝66240

(2)单耗变动对成本的影响

皮料＝24000×(16.8－17.25)×16.8＝－181440

五金＝24000×(4.2－4.12)×3.2＝6144

辅料＝24000×(5.5－5.75)×4.8＝－28800

(3)单价变动对成本的影响

皮料＝24000×16.8×(18.5－16.8)＝685440

五金＝24000×4.2×(3－3.2)＝－20160

辅料＝24000×5.5×(5－4.8)＝26400

3.根据以上分析结果填制分析表 3-3。

表 3-3 与去年同期比较分析表

项目	产量变动对成本影响	单耗变动对成本的影响	单价变动对成本的影响	影响合计金额
皮料	695520.00	－181440.00	685440.00	1199520.00
五金	31641.60	6144.00	－20160.00	17625.60
辅料	66240.00	－28800.00	26400.00	63840.00
小计	793401.60	－204096.00	691680.00	1280985.60

任务 2　成本差异比较分析

任务描述：根据上面的资料对当年成本差异比较分析

计算过程分析如下：

2022 年，直接材料＝8421600÷24000＝350.9

直接人工＝1584000÷24000＝66

制造费用＝996000÷24000＝41.5

2021 年，直接材料＝7140614.4÷21600＝330.584

直接人工＝1366200÷21600＝63.25

制造费用＝923000÷21600≈42.73

将结果填入表 3-4 中。

表 3-4　成本差异比较分析表

项目	2022 年 03 月单价/元	去年同期单价/元	差额/元	差额占比/%
直接材料	350.90	330.58	20.32	93.04
直接人工	66.00	63.25	2.75	12.59
制造费用	41.50	42.73	－1.23	－5.63
合计	458.40	436.56	21.84	

任务 3　成本性态分析

任务描述：根据 2022 年 03 月资料分析当月成本性态

(1)电表分为照明用电与生产用电两项，单价 1.6 元/度，企业正常生产每天工作 8 小时，照明每小时用电 200 度，按最佳的操作方法，每件产品需用设备加工时间 3 小时，企业备用多台设备，目前生产能力有剩余，假设全月工作 22 天。按供电局规定，企业变压品维护费每月 20000 元。(2)企业产生的水费与产品产量无相关因素。

其中，电费的固定成本＝20000＋1.6×8×200×22＝76320

变动成本＝220000－76320＝143680

将结果填入成本性态分析表，如表 3-5 所示。

表 3-5　成本性态分析表

项目	材料名称	固定成本	变动成本
直接材料	皮料		7459200.00
	五金		302400.00
	辅料		660000.00

续表

项目	材料名称	固定成本	变动成本
直接人工	工时		1584000.00
制造费用	水费	2000.00	
	电费	76320.00	143680.00
	折旧	18000.00	
	车间管理人员工资	456000.00	
	其他固定支出	120000.00	
合计		852320.00	10149280.00

项目四　销售过程实训任务

知识目标、技能目标与素质目标

模块	知识目标	技能目标	素质目标
销售收入业务	掌握一般销售收入的核算；熟悉收入确认与计量的步骤	能根据销售发票等相关票据，正确确认企业销售收入、销售成本，熟练进行账务处理	诚信守约，能识别与客户订立的合同并按合同履行义务
销售成本业务	掌握营业成本的核算内容及具体核算	能够填制和审核有关收入、成本核算的自制原始凭证和外来原始凭证，填制记账凭证并登账	
应收款业务	掌握应收账款、应收票据的核算	能够填制和审核有关应收款的原始凭证，编制记账凭证并登账	

本项目主要参考法规索引

1.《企业会计准则——基本准则》、《企业会计准则第 14 号——收入(2017 年修订)》；

2.《企业会计准则第 14 号——收入》应用指南〔2018〕；

3.财会〔2016〕22 号增值税会计处理；

4.财税〔2016〕36 号财政部国家税务总局关于全面推开营业税改征增值税试点的通知及配套文件；

5.财会〔2008〕7 号企业内部控制基本规范；

6.财会〔2010〕11 号企业内部控制应用指引第 9 号——销售业务；

销售过程是制造业企业实现增值的过程，主要任务是将生产的产品销售出去，取得销售收入，使企业的生产耗费得到补偿。主要内容包括：确认销售收入、结转销售成本、货款结算、支付销售费用及销售税金等。

模块一　销售收入业务

任务　销售收入业务的核算

收入是指企业在日常活动中形成的、会导致所有者权益增加的、与所有者投入资本无关的经济利益的总流入。其中，日常活动是指企业为完成其经营目标所从事的经常性活动以及与之相关的其他活动。

企业通过加强收入核算与监督可以保证收入的真实、完整，保证销售折让、折扣等可变对价的正确合理，保证客户信用管理和货款的及时足额收回，反映企业向客户转让商品的模式及其相应的销售政策和策略等销售决策的科学性、合理性。通过收入确认和计量能进一步如实地反映企业的生产经营成果，准确核算企业实现的损益。

1.收入确认的原则

企业确认收入的方式应当反映其向客户转让商品（或提供服务，以下简称转让商品）的模式，收入的金额应当反映企业因转让这些商品（或服务，以下简称商品）而预期有权收取的对价金额。

企业应当在履行了合同中的履约义务，即在客户取得相关商品控制权时确认收入。取得相关商品控制权，是指能够主导该商品的使用并从中获得几乎全部的经济利益，也包括有能力阻止其他方主导该商品的使用并从中获得经济利益。企业在判断商品的控制权是否发生转移时，应当从客户的角度进行分析，即客户是否取得了相关商品的控制权以及何时取得该控制权。取得商品控制权包括以下三个要素：

一是客户有能力主导该商品的使用，即客户在其活动中有权使用该商品，或者能够允许或阻止其他方使用该商品。

二是客户能够获得商品几乎全部的经济利益。即客户能获得商品潜在的现金流量，既包括现金流入的增加，也包括现金流入的减少。

三是客户必须拥有现时权利，能够主导该商品的使用并从中获得几乎全部经济利益。如果客户只能在未来的某一期间主导该商品的使用并从中获益，则表明其尚未取得该商品的控制权。

2.收入确认的前提条件

企业与客户之间的合同同时满足下列条件的，企业应当在客户取得相关商品控制权时确认收入：

（1）该合同明确了合同各方与所转让商品相关的权利和义务。

（2）合同各方已批准该合同并承诺将履行各自义务。

（3）该合同有明确的与所转让的商品相关的支付条款。

（4）该合同具有商业实质，即履行该合同将改变企业未来现金流量的风险、时间分布或金额；

(5)企业因向客户转让商品而有权取得的对价很可能收回。

3.收入确认与计量的步骤

第一步，识别与客户订立的合同。

合同是指双方或多方之间订立有法律约束力的权利义务的协议，包括书面形式、口头形式以及其他可验证的形式(如隐含于商业惯例或企业以往的习惯做法中等)。

合同的存在是企业确认客户合同收入的前提，企业与客户之间的合同一经签订，企业即享有从客户取得与转移商品和服务对价的权利，同时负有向客户转移商品和服务的履约义务。

第二步，识别合同中的单项履约义务。

企业应当将向客户转让可明确区分商品(或商品的组合)的承诺以及向客户转让一系列实质相同且转让模式相同的、可明确区分商品的承诺作为单项履约义务。

第三步，确定交易价格。

交易价格是指企业因向客户转让商品而预期有权收取的对价金额，不包括企业代第三方收取的款项(如增值税)以及企业预期将退还给客户的款项，此类款项应当作为负债进行会计处理，不计入交易价格。合同条款所承诺的对价，可能是固定金额、可变金额或两者兼有。如果合同仅有两种可能结果，则按最可能发生的金额确定交易价格。

第四步，将交易价格分摊至各单项履约义务。

当合同中包含两项或多项履约义务时，为了使企业分摊至每一单项履约义务的交易价格能够反映其因向客户转让已承诺的相关商品(或提供已承诺的相关服务)而预期有权收取的对价金额，企业应当在合同开始日，按照各单项履约义务所承诺商品的单独售价的相对比例，将交易价格分摊至各单项履约义务。

第五步，履行各单项履约义务时确认收入。

当企业将商品转移给客户，客户取得了相关商品的控制权，则意味着企业履行了合同履约义务，此时企业应该确认收入。企业将商品控制权转移给客户，可能是在某一时段内(即履行履约义务的过程中)发生，也可能在某一时点(即履约义务完成时)发生。企业应当根据实际情况，首先判断履约义务是否满足在某一时段内履行的条件，如不满足，则该履约义务属于在某一时点履行的履约义务。对于在某一时段内履行的履约义务，企业应当选取恰当的方法来确定履约进度；对于在某一时点履行的履约义务，企业应当综合分析控制权转移的迹象，判断其转移时点。

在以上五个步骤中，第一步、第二步和第五步主要与收入的确认有关，第三步和第四步主要与收入的计量有关。一般而言，确认和计量任何一项合同收入应考虑全部的五个步骤。但履行某些合同义务确认收入不一定都经过五个步骤，如企业按照第二步确定某项合同仅为单项履约义务时，可以从第三步直接进入第五步确认收入，不需要第四步分摊交易价格。

本次实训主要训练在某一时点完成的商品销售收入的账务处理，以下将针对一般商品销售收入的账务处理和可变对价的账务处理进行知识讲解，在某一时段内完成的商品销售收入等其他类型业务的账务处理详见准则的要求。

任务描述：销售商品的核算

例：一般商品销售。

业务 33：销售商品。18 日，销售商品，款项未收。根据原始凭证销售商品增值税专用发票（见图 4-1）、产品出库单（见图 4-2）、购销合同（见图 4-3），编制记账凭证（见图 4-4）。

类似业务还有业务 46：销售商品。25 日，销售商品，款未收。

1101191130　北京增值税专用发票　№ 00521809　1101191130 00521809

此联不作报销、扣税凭证使用　　开票日期：2022年03月18日

购买方	名称：北京市王府井百货有限公司 纳税人识别号：91110105738946205H 地址、电话：北京市朝阳区礼王路63号 010-83429601 开户行及账号：中国农业银行北京朝阳支行 62093482093750183942	密码区	02+408-7*85-13/<5/47-5-511- 8+5+>16>**89980*-8-9+33456/ 53+411//385930-0-685999+225 54-1076-79-9*11087<2--25*5/

货物或应税劳务、服务名称	规格型号	单位	数量	单价	金额	税率	税额
*皮革毛皮制品*H113单肩女包		个	500	499.00	249500.00	13%	32435.00
*皮革毛皮制品*H213挎包		个	500	529.00	264500.00	13%	34385.00
*皮革毛皮制品*M115大号背包		个	350	999.00	349650.00	13%	45454.50
*皮革毛皮制品*M215中号背包		个	350	899.00	314650.00	13%	40904.50
合计					¥1178300.00		¥153179.00
价税合计（大写）	⊗壹佰叁拾叁万壹仟肆佰柒拾玖元整				（小写）¥1331479.00		

销售方	名称：北京红星皮具有限公司 纳税人识别号：91110106091156423 8 地址、电话：北京市朝阳区科技工业园158号 010-59468497 开户行及账号：交通银行北京朝阳支行 110002049052486154477	备注	

收款人：　复核：　开票人：王秀玲　销售方：（章）

第一联：记账联　销售方记账凭证

图 4-1　销售商品增值税专用发票

销 售 单

购货单位：北京市王府井百货有限公司　地址和电话：北京市朝阳区礼王路63号 010-83429601　单据编号：xs1903002

纳税识别号：91110105738946205H　开户行及账号：中国农业银行北京朝阳支行 62093482093750183942　制单日期：2022.03.18

编码	产品名称	规格	单位	单价	数量	金额	备注
cp101	H113单肩女包		个	499.00	500.00	249500.00	不含税价
cp102	H213挎包		个	529.00	500	264500.00	
cp103	M115大号背包		个	999.00	350	349650.00	
cp104	M215中号背包		个	899.00	350	314650.00	
合计	人民币（大写）：壹佰壹拾柒万捌仟叁佰元整				—	¥1178300.00	

会计联

销售经理：王涛　经手人：冯新新　会计：王秀玲　签收人：郭震

图 4-2　产品出库单

购销合同

购方：**北京市王府井百货有限公司**　　　　合同编号：*202203001*

销方：**北京红星皮具有限公司**　　　　签订时间：*2022年03月10日*

供需双方本着互利互惠、长期合作的原则，根据《中华人民共和国合同法》及双方的实际情况，就需方向供方采购事宜，订立本合同，以使双方在合同履行中共同遵守。

一、产品名称、数量、单价、金额：

产品名称	规格型号	计量单位	数量	单价	金额	备注
H113单肩女包		个	500	499.00	249500.00	
H213挎包		个	500	529.00	264500.00	
M115大号背包		个	350	999.00	349650.00	
M215中号背包		个	350	899.00	314650.00	
合计					1178300.00	
合计人民币（大写）：壹佰壹拾柒万捌仟叁佰元整						

二、质量要求技术标准：供方对质量负责的条件和期限：按合同企业标准。

三、交（提）货地点、方式：**北京市朝阳区礼玉路63号**

四、付款时间与付款方式：

发货后25天内支付货款

五、运输方式及到站、港和费用负担：**由购买方承担。**

六、合理损耗及计算方法：以实际数量验收。

七、包装标准、包装物的供应与回收：普通包装，不回收包装物。

八、验收标准及方法：货到后需方进行验收并提出质量异议，不包括运输过程中造成的质量问题。

九、违约责任：按《合同法》。

十、解决合同纠纷的方式：双方协商解决。

十一、其他约定事项：本合同一式两份，需、供双方各一份，经双方盖章后即生效。

购方（盖章）：北京市王府井百货有限公司	销方（盖章）：北京红星皮具有限公司
单位地址：北京市朝阳区礼玉路[illegible]号	单位地址：北京朝[illegible]科技工业园区[illegible]号
电　话：010-[illegible]3429[illegible]1	电　话：010-5[illegible]6497
签订日期：20[illegible]03月10日	签订日期：202[illegible]3月10日
开户银行：中国农业银行北京朝阳支行	开户银行：交通银行北京朝阳支行
账　号：6209348209375018 3942	账　号：110002049052486154477

图 4-3　购销合同

记账凭证

记字第：33 号　　日期：2022-03-18　　附单据：3 张

摘要	会计科目	借方金额	贷方金额
销售商品	112207应收账款-北京市王府井百货有限公司	1331479.00	
销售商品	600101主营业务收入-H113单肩女包		249500.00
销售商品	600102主营业务收入-H213挎包		264500.00
销售商品	600103主营业务收入-M115大号背包		349650.00
销售商品	600104主营业务收入-M215中号背包		314650.00
销售商品	22210107应交税费-应交增值税-销项税额		153179.00
合计：		1331479.00	1331479.00

审核：李春梅　　过账：李春梅　　出纳：　　制单：王秀玲

图 4-4　记账凭证

知识解读：一般商品销售收入的账务处理

企业一般商品销售属于在某一时点履行的履约义务，应当在客户取得相关商品控制权时点确认收入。在判断控制权是否转移时，企业应当综合考虑下列迹象：

(1)企业已将该商品实物转移给客户，即客户已占有该商品实物。

(2)客户已接受该商品。

(3)企业已将该商品的法定所有权转移给客户，即客户已经拥有该商品的法定所有权。

(4)企业已将该商品所有权上的主要风险和报酬转移给客户，即客户已取得该商品所有权上的主要风险和报酬。

(5)企业就该商品享有现时收款权利，即客户就该商品负有现时付款义务。

(6)其他表明客户已取得商品控制权的迹象。

上述迹象中，并没有哪一个是或哪几个迹象是决定性的，企业应当根据合同条款和交易实质进行分析，综合判断其是否以及何时将商品的控制权转移给客户，从而确定收入确认的时点。

企业一般需要设置“主营业务收入”科目核算企业确认的销售商品、提供服务等主营业务的收入。该科目贷方登记企业主营业务活动实现的收入，借方登记期末转入“本年利润”科目的主营业务收入，结转后该科目应无余额。该科目可按主营业务的种类进行明细核算。

如果企业按合同要求发出商品，但是未达到收入确认条件时，企业不应确认收入，只能在发出商品时，将发出商品的成本计入“发出商品”科目，借记“发出商品”科目，贷记“库存商品”科目。“发出商品”科目核算企业商品已发出但客户没有取得商品控制权的商品成本。

企业在日常活动中发生对外销售不需用的原材料、随同商品对外销售单独计价的包装物，取得收入的确认和计量原则比照商品销售。确认的收入作为其他业务收入处理。

实训指导：赊销方式销售业务的账务处理

在本次实训中业务 33 和 46 都属于一般商品销售业务，企业以赊销方式对外销售商品，在客户取得相关商品控制权时点确认收入，按应收的款项，借记“应收账款”科目，按实现的收入贷记“主营业务收入”科目，按应交的增值税，贷记“应交税费——应交增值税(销项税额)”科目。

企业与客户的合同中约定的对价金额并不都是固定的，可能会因折扣、价格折让、返利、退款、奖励积分、激励措施、业绩奖金、索赔等因素而变化。此外，根据一项或多项或有事项的发生而收取不同对价金额的合同，也属于可变对价的情形。如果企业与客户的合同中存在可变对价，应当用合理的方法对计入交易价格的可变对价进行估计。企业应当按照期望值或最可能发生金额确定可变对价的最佳估计数。

例：可变对价业务

业务 12：销售商品。6 日，销售商品，双方约定的现金折扣条件为：(2/10，N/30)，现金折扣针对价税合计金额。备注：企业根据过往交易情况，评估该客户享受现金折扣的概率几乎为 0。根据原始凭证：销售商品增值税专用发票(见图 4-5)、产品出库单(见图 4-6)、产品销售合同(见图 4-7)，编制记账凭证(见图 4-8)。

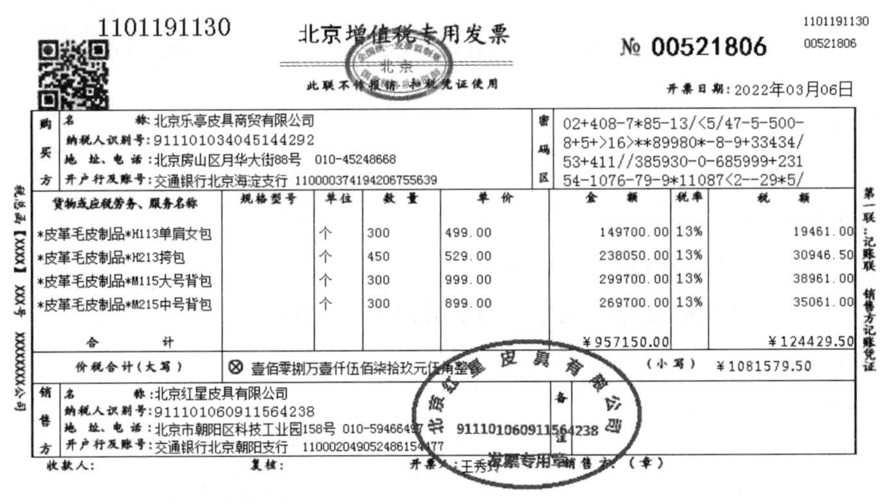

1101191130　　北京增值税专用发票　　№ 00521806　　1101191130　00521806

此联不作报销、扣税凭证使用　　开票日期：2022年03月06日

购买方　名　　称：北京乐亨皮具商贸有限公司
纳税人识别号：911101034045144292
地 址、电 话：北京房山区月华大街88号　010-45248668
开户行及账号：交通银行北京海淀支行　110000374194206755639

密码区：02+408-7*85-13/<5/47-5-500-
8+5+>16>**89980*-8-9+33434/
53+411//385930-0-685999+231
54-1076-79-9*11087<2--29*5/

货物或应税劳务、服务名称	规格型号	单位	数量	单价	金额	税率	税额
*皮革毛皮制品*H113单肩女包		个	300	499.00	149700.00	13%	19461.00
*皮革毛皮制品*H213挎包		个	450	529.00	238050.00	13%	30946.50
*皮革毛皮制品*M115大号背包		个	300	999.00	299700.00	13%	38961.00
*皮革毛皮制品*M215中号背包		个	300	899.00	269700.00	13%	35061.00
合　计					¥957150.00		¥124429.50

价税合计(大写)　⊗壹佰零捌万壹仟伍佰柒拾玖元伍角整　(小写) ¥1081579.50

销售方　名　　称：北京红星皮具有限公司
纳税人识别号：911101060911564238
地 址、电 话：北京市朝阳区科技工业园158号　010-59466497
开户行及账号：交通银行北京朝阳支行　110002049052486154477

备注

收款人：　　复核：　　开票人：王秀玲　　销售方：(章)

第一联：记账联　销售方记账凭证

图 4-5　销售商品增值税专用发票

销 售 单

购货单位：北京乐亨皮具商贸有限公司　　地址和电话：北京房山区月华大街88号　010-45248668　　单据编号：xs1903001

纳税识别号：911101034045144292　　开户行及账号：交通银行北京海淀支行 110000374194206755639　　制单日期：2022. 03. 06

编码	产品名称	规格	单位	单价	数量	金额	备注
cp101	H113单肩女包		个	499. 00	300	149700.00	不含税价
cp102	H213挎包		个	529. 00	450	238050.00	
cp103	M115大号背包		个	999. 00	300	299700.00	
cp104	M215中号背包		个	899. 00	300	269700.00	
合计	人民币(大写)：玖拾伍万柒仟壹佰伍拾元整				—	¥957150.00	

销售经理：王峰　　经手人：冯新新　　会计：王秀玲　　签收人：郑震

会计联

图 4-6　产品出库单

购销合同

购方：北京乐亭皮具商贸有限公司　　合同编号：202202080

销方：北京红星皮具有限公司　　签订时间：2022年02月26日

供需双方本着互利互惠、长期合作的原则，根据《中华人民共和国合同法》及双方的实际情况，就需方向供方采购事宜，订立本合同，以使双方在合同履行中共同遵守。

一、产品名称、数量、单价、金额：

产品名称	规格型号	计量单位	数量	单价	金额	备注
H113单肩女包		个	300	499.00	149700.00	单价不含税
H213挎包		个	450	529.00	238050.00	
M115大号背包		个	300	999.00	299700.00	
M215中号背包		个	300	899.00	269700.00	
合计					957150.00	
合计人民币（大写）：玖拾伍万柒仟壹佰伍拾元整						

二、质量要求技术标准：供方对质量负责的条件和期限：按合同企业标准。

三、交（提）货地点、方式：北京房山区月华大街88号

四、付款时间与付款方式：

提货验收无误后30天内付款，双方约定的现金折扣条件为：（2/10，N/30），现金折扣针对价税合计金额。

五、运输方式及到站、港和费用负担：由购买方承担。

六、合理损耗及计算方法：以实际数量验收。

七、包装标准、包装物的供应与回收：普通包装，不回收包装物。

八、验收标准及方法：货到后需方进行验收并提出质量异议，不包括运输过程中造成的质量问题。

九、违约责任：按《合同法》。

十、解决合同纠纷的方式：双方协商解决。

十一、其他约定事项：本合同一式两份，需、供双方各一份，经双方盖章后即生效。

购方（盖章）：北京乐亭皮具商贸有限公司	销方（盖章）：北京红星皮具有限公司
单位地址：北京房山区月华大街88号	单位地址：北京朝阳科技工业园区58号
电　话：010-5248■58	电　话：010-■46649
签订日期：2022年02月26日	签订日期：2022年02月26日
开户银行：中国工商银行北京丰台支行	开户银行：交通银行北京朝阳支行
账　号：41002049052486811426	账　号：110002049052486154477

图 4-7　购销合同

记账凭证

记字第:12 号　　日期:2022 年 3 月 6 日　　附单据:3 张

摘要	会计科目	借方金额	贷方金额
销售商品	112201 应收账-北京乐亭皮具商贸有限公司	1081579.50	
销售商品	600101 主营业务收入-H113 单肩女包		149700.00
销售商品	600102 主营业务收入-H213 挎包		238050.00
销售商品	600103 主营业务收入-M115 大号背包		299700.00
销售商品	600104 主营业务收入-M215 中号背包		269700.00
销售商品	22210107 应交税费-应交增值税-销项税额		124429.50
合计		1081579.50	1081579.50

审核:李春梅　　过账:李春梅　　出纳:　　制单:王秀玲

图 4-8　记账凭证

知识解读:可变对价销售的核算

企业销售合同中若存在可变对价,应当按照期望值或最可能发生金额确定可变对价的最佳估计数。销售收入以最佳估计数计量。

期望值是按照各种可能发生的对价金额及相关概率计算确定的金额,如果企业拥有大量具有类似特征的合同,并估计可能产生多个结果时,通常按照期望值估计可变对价金额。

最可能发生金额是一系列可能发生的对价金额中最可能发生的单一金额,即合同最可能产生的单一结果。当合同仅有两个可能结果(例如,企业能够达到或不能达到某业绩奖金目标)时,按照最可能发生金额估计可变对价金额可能是恰当的。

企业按照期望值或最可能发生金额确定可变对价金额之后,计入交易价格的可变对价金额还应该满足限制条件,即包含可变对价的交易价格,应当不超过在相关不确定性消除时,累计已确认的收入极可能不会发生重大转回的金额。

实训指导:折扣销售业务的账务处理

折扣销售包括现金折扣和商业折扣,商业折扣是指企业为促进商品销售而给予的价格扣除。比如企业为鼓励客户多买商品给予客户折扣,或者为了尽快出售一些残次、陈旧、冷备、换季的商品,也可能降价销售。商业折扣在销售前即已发生,并不构成最终成交价格的一部分,因此,企业应当按照扣除商业折扣后的金额确认销售商品收入。

现金折扣是指债权人(即销售方)为鼓励债务人(即购买方)在规定的期限内付款而向债务人提供的债务扣除。现金折扣发生在商品销售之后,是否发生以及发生多少要视客户的付款情况而定,因此,现金折扣按照最可能发生的金额能够更好地预测其有权获取的对价金额,确认交易价格。本次实训中业务 12 即现金折扣销售业务,企业根据过往交易情况,评估该客户享受现金折扣的概率几乎为零。因此在本例中销售收入按照不享受现金折扣的总金额计量。

另需要注意的是,在计算现金折扣时,还应确定是否按含有增值税的价款计算确定,两种情况下客户享有的折扣金额不同。在本例中,合同明确规定现金折扣针对价税合计金额。

模块二　销售成本确认业务

任务　销售成本确认的核算

企业为生产产品、提供劳务等发生的可归属于产品成本、劳务成本的费用属于营业成本，应当在确认销售商品收入、提供服务收入等时，将已销售商品、已提供劳务的成本等计入当期损益，确认为主营业务成本和其他业务成本。

任务描述:销售成本的计算与核算

例:销售成本计算。业务:31 日，编制销售成本计算表(单位成本保留 2 位小数，尾差计入期末存货成本)。编制销售成本计算表(见图 4-9)。

销售成本计算表

2022年03月31日　　　　金额单位：元

品名	期初结存		本期完工		本期销售数量	期末结存数量	单位成本（加权）	销售产品成本	期末存货成本
	数量	金额	数量	金额					
H113单肩女包	970.00	310400.00	950	358276.54	1305	615	348.27	454492.35	214184.19
H213挎包	900.00	297000.00	1100	472717.74	1600	400	384.86	615776	153941.74
M115大号背包	850.00	510000.00	900	638687.07	1150	600	656.39	754848.5	393838.57
M215中号背包	860.00	479880.00	900	606854.7	1266	494	617.46	781704.36	305030.34
合　计		1597280.00		2076536.05				2606821.21	1066994.84

审核：李春梅　　　　制单：王秀玲

图 4-9　销售成本计算表

例:结转本月销售成本。业务 61:结转本月销售成本。31 日，承上笔任务，结转本月销售成本。编制记账凭证(见表 4-10)。

记账凭证

记字第:61 号　　日期:2022 年 3 月 31 日　　附单据:4 张

摘要	会计科目	借方金额	贷方金额
结转本月销售成本	640101 主营业务成本-H113 单肩女包	454492.35	
结转本月销售成本	640102 主营业务成本-H213 挎包	615776.00	
结转本月销售成本	640103 主营业务成本-M115 大号背包	754848.50	
结转本月销售成本	640104 主营业务成本-M215 中号背包	781704.36	
结转本月销售成本	140501 库存商品-H113 单肩女包		454492.35
结转本月销售成本	140502 库存商品-H213 挎包		615776.00
结转本月销售成本	140503 库存商品-M115 大号背包		754848.50
结转本月销售成本	140504 库存商品-M215 中号背包		781704.36
合计:		2606821.21	2606821.21

审核:李春梅　　过账:李春梅　　出纳:　　制单:王秀玲

图 4-10　记账凭证

知识解读:销售成本的账务处理

企业一般在确认销售商品、提供服务等主营业务收入时或在月末,将已售商品、已提供服务的成本转入主营业务成本,借记“主营业务成本”账户,贷记“库存商品”等账户。采用计划成本或售价核算库存商品的,平时的营业成本按计划成本或售价结转。月末再结转本月销售商品应分摊的产品成本差异或商品进销差价。关于销售成本的具体计算方法在项目三中详细介绍。

另企业在销售过程中还会发生广告费、包装费等销售费用,销售费用属于企业的期间费用,将在项目五中详细介绍。

资源导航

扫一扫,查看销售费用的财务处理

模块三　应收及预收款业务

任务 1　应收货款确认的核算

企业在赊销商品时会产生应向购货单位收取的款项,即应收账款,主要包括企业销售商品或提供服务等应向有关债务人收取的价款、增值税及代购货单位垫付的包装费、运杂费等。应收账款是基于商业信用而产生的,回收期比较短(一般在 1 年)。在资产负债表上,应收账款应列为流动资产项目。

任务描述:销售货款收到的核算

例:收到货款。业务 5:3 日,收到天津市中汇皮具有限公司货款存入银行。根据原始凭证银行收款凭证(见图 4-11),编制记账凭证(见图 4-12)。类似的业务还有业务 9:收到货款。5 日,收到北京东方爱格皮具服饰有限公司货款。

交通银行电子回单凭证

回单编号：818422353221　回单类型：网银业务　业务名称：
凭证种类：　凭证号码：　借贷标志：贷记　回单格式码：S
账号：110002049052486154477　开户行名称：交通银行北京朝阳支行
户名：北京红星皮具有限公司
对方账号：6222603864556672376　开户行名称：交通银行天津和平支行
对方户名：天津市中汇皮具有限公司
币种：CNY　金额：500000.00　金额大写：伍拾万元整
兑换信息：兑换信息　币种：　金额：0.00　牌价：0.00　币种：　金额：0.00
摘要：

附加信息：

打印次数：0001　记账日期：20220303　会计流水号：EEZ0000011933256
记账机构：010120003999　经办柜员：EBB001　记账柜员：EEZ000　复核柜员：　授权柜员：
打印机构：010120003999　打印柜员：202200557519222　批次号：

交通银行北京分行业务受理章

图 4-11　收款电子回单

业务5：收到货款

已审核

记账凭证

记字第：5 号　日期：2022-03-03　附单据：1 张

摘要	会计科目	借方金额	贷方金额
收到货款	100201 银行存款-交通银行北京朝阳支行	500000.00	
收到货款	112208 应收账款-天津市中汇皮具有限公司		500000.00
合计：		500000.00	500000.00

审核：李春梅　过账：李春梅　出纳：杨婷婷　制单：王秀玲

图 4-12　记账凭证

知识解读：应收账款的账务处理

为了反映和监督应收账款的增减变动及其结存情况，企业应设置“应收账款”账户，不单独设置“预收账款”账户的企业，预收的账款也在“应收账款”账户核算。“应收账款”账户的借方登记应收账款的增加，贷方登记应收账款的收回及确认的坏账损失，期末余额一般在借方，反映企业尚未收回的应收账款；如果期末余额在贷方，一般则反映企业预收的账款。

应收账款明细账是用来记录每个客户各项赊销、还款、销售退回及折让的明细账。如果企业的往来账不多，可以直接按照往来单位设置二级明细账户；如果往来账很多，可以先按地区或者项目等设置二级明细，再在二级明细下按往来单位设置三级明细账户。

资源导航

扫一扫，查看应收账款的账务处理

任务 2　应收票据确认的核算

应收票据是指企业因销售商品、提供劳务而收到的商业汇票。商业汇票是一种由出票人签发的，委托付款人在指定日期无条件支付确定金额给收款人或者持票人的票据。适用于企业之间订有合同的、延期付款的商品交易和劳务供应，同城、异地均可使用。

商业汇票的付款期限，最长不得超过 6 个月。定日付款的汇票付款期限自出票日起计算，并在汇票上记载具体到期日；出票后定期付款的汇票付款期限自出票日起按月计算，并在汇票上记载；见票后定期付款的汇票付款期限自承兑或拒绝承兑日起按月计算，并在汇票上记载。商业汇票的提示付款期限，自汇票到期日起 10 日。符合条件的商业汇票的持票人，可以持未到期的商业汇票连同贴现凭证向银行申请贴现。

商业汇票可以按不同的标准进行分类。按照票据是否带息，分为带息票据和不带息票据两种。按照票据承兑人的不同，可以分为银行承兑汇票和商业承兑汇票两种。

银行承兑汇票的承兑人是承兑申请人的开户银行。银行按照有关规定审查后，与付款人签订“银行承兑协议”，并按面额收取万分之五的承兑手续费。银行承兑汇票的出票人应于汇票到期前将票款足额交存其开户银行，承兑银行应在汇票到期日或到期日后的见票当日支付票款。银行承兑汇票的出票人于汇票到期前未能足额交存票款时，承兑银行除凭票向持票人无条件付款外，对出票人尚未支付的汇票金额按照每天万分之五计收利息。

商业承兑汇票是指由付款人签发并承兑，或由收款人签发交由付款人承兑的汇票。商业承兑汇票由银行以外的付款人承兑。付款人收到开户银行的付款通知后，应在当日通知银行付款。付款人在接到通知日的次日起三日内（法定假期日顺延）未通知银行付款的，视同付款人承诺付款。付款人若提前收到由其承兑的商业汇票，应通知银行于汇票到期日付款。在汇票到期时，若付款人账户余额不足支付，银行应填制付款人未付票款通知书，连同商业承兑汇票邮寄持票人开户银行转交给持票人，由购销双方自行处理。

任务描述：应收票据的核算

例：收到银行承兑汇票。业务 10：5 日，收到银行承兑汇票。根据原始凭证：银行承兑汇票（见图 4-13），编制记账凭证（见图 4-14）。

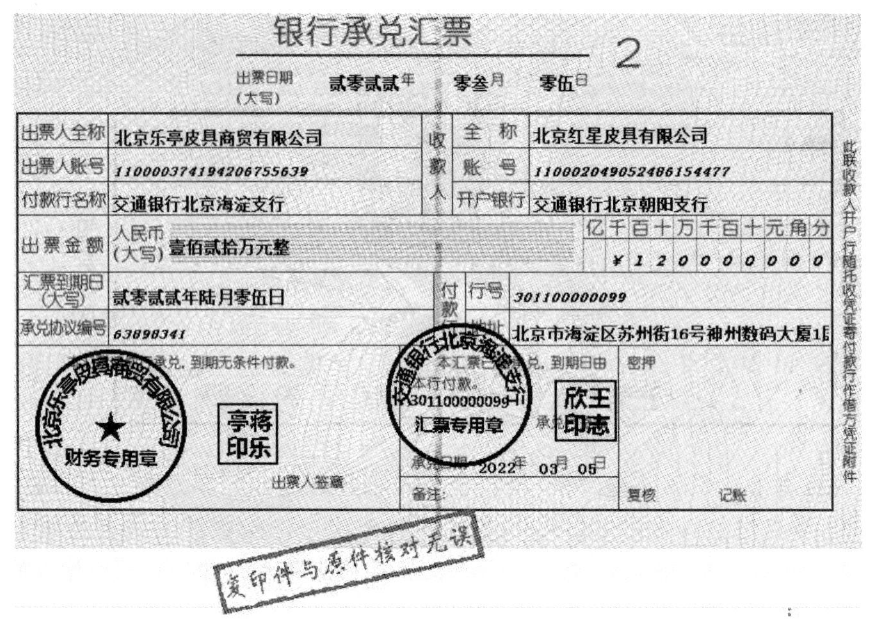

银行承兑汇票　2

出票日期（大写）　贰零贰贰年　零叁月　零伍日

出票人全称	北京乐亭皮具商贸有限公司	收款人	全　称	北京红星皮具有限公司
出票人账号	110000374194206755639		账　号	110002049052486154477
付款行名称	交通银行北京海淀支行		开户银行	交通银行北京朝阳支行
出票金额	人民币（大写）壹佰贰拾万元整		亿千百十万千百十元角分	¥120000000
汇票到期日（大写）	贰零贰贰年陆月零伍日	付款行	行号	301100000099
承兑协议编号	63898341		地址	北京市海淀区苏州街16号神州数码大厦1层
本汇票请你行承兑，到期无条件付款。出票人签章		本汇票已经承兑，到期日由本行付款。承兑行签章　承兑日期 2022年 03月 05日　备注：		密押　复核　记账

此联收款人开户行随托收凭证寄付款行作借方凭证附件

复印件与原件核对无误

图 4-13　银行承兑汇票

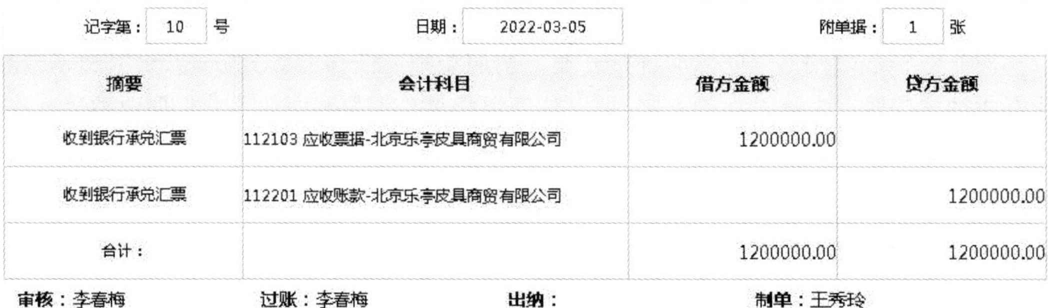

记账凭证

记字第：10 号　　日期：2022-03-05　　附单据：1 张

摘要	会计科目	借方金额	贷方金额
收到银行承兑汇票	112103 应收票据-北京乐亭皮具商贸有限公司	1200000.00	
收到银行承兑汇票	112201 应收账款-北京乐亭皮具商贸有限公司		1200000.00
合计：		1200000.00	1200000.00

审核：李春梅　　过账：李春梅　　出纳：　　制单：王秀玲

图 4-14　记账凭证

知识解读：应收票据的账务处理

企业应当设置“应收票据”账户，反映和监督应收票据取得、票款收回等情况。该账户属于资产类账户，借方登记取得的应收票据的面值，贷方登记到期收回票款或到期前向银行贴现的应收票据的票面余额，期末余额在借方，反映企业持有的商业汇票的票面余额。该账户可按照开出、承兑商业汇票的单位进行明细核算，并设置“应收票据备查簿”，逐笔登记商业汇票的种类、号数和出票日、票面金额、交易合同号和付款人、承兑人、背书人的姓名或单位名称、到期日、背书转让日、贴现日、贴现率和贴现净额以及收款日和收回金额、退票情况等资料。商业汇票到期结清票款或退票后，在备查簿中应予注销。

在本例中是因债务人抵偿前欠货款而取得的应收票据，将“应收账款”转入“应收票据”。如果企业因销售商品、提供劳务等而收到开出、承兑的商业汇票，在借记“应收票据”

的同时,应贷记“主营业务收入”“应交税费——应交增值税(销项税额)”。商业汇票到期收回款项时,应按实际收到的金额,借记“银行存款”科目,贷记“应收票据”科目。实务中,企业可以将自己持有的商业汇票背书转让。背书转让取得所需物资时,按应计入取得物质成本的金额,借记“在途物资”“原材料”等科目,按照增值税专用发票上注明的可抵扣的增值税税额,借记“应交税费——应交增值税(进项税额)”科目,按商业汇票的票面金额,贷记“应收票据”科目,如有差额,借记或贷记“银行存款”等科目。

在本次实训中,业务 35 还涉及应收票据贴现的业务。

任务描述:应收票据贴现的核算

例:票据贴现。业务 35:20 日,结合第 2 笔任务提供的贴现凭证、银行承兑汇票复印件,办理银行承兑汇票贴现相关信息化业务处理。(该票据不附追索权)。根据原始凭证:贴现凭证(收款通知)(见图 4-15),编制记账凭证(见图 4-16)。

贴现凭证(收款通知) ④

填写日期 2022 年 3 月 20 日　　第 001 号

贴现汇票	种类	银行承兑汇票	号码 68792082	申请人	名称	北京红星皮具有限公司
	出票日	2022 年 02 月 10 日			账号	11000204905248б154477
	到期日	2022 年 05 月 10 日			开户银行	交通银行北京朝阳支行
汇票承兑人(或银行)	名称	中国农业银行北京朝阳支行	账号		开户银行	
汇票金额(即贴现金额)	人民币(大写)	陆拾万元整				¥600000.00
贴现率每月	6‰	贴现利息	¥6120.00	实付贴现金额		¥593880.00

上述款项已入你单位账号。
此致
贴现申请人
银行盖章

备注:

此联银行给申请人的收款通知

图 4-15　贴现凭证(收款通知)

记账凭证

记字第: 35 号　　日期: 2022-03-20　　附单据: 2 张

摘要	会计科目	借方金额	贷方金额
票据贴现	100201 银行存款-交通银行北京朝阳支行	593880.00	
票据贴现	660303 财务费用-利息支出	6120.00	
票据贴现	112105 应收票据-北京市王府井百货有限公司		600000.00
合计:		600000.00	600000.00

审核:李春梅　　过账:李春梅　　出纳:杨婷婷　　制单:王秀玲

图 4-16　记账凭证

知识解读:应收票据贴现的账务处理

应收票据贴现是指持票人因急需资金,将未到期的商业汇票背书后转让给银行,银行在扣除按照贴现率计算的贴现息后,将其差额支付给贴现企业的行为,实际上是一种融资活动。应收票据贴现要计算到期值、贴现息、贴现净额,按照实际收到的金额,借记“银行存款”科目,按应收票据的到期值,贷记“应收票据”科目,按其差额,借记或贷记“财务费用”科目。

项目五 利润及利润分配过程实训任务

知识目标、技能目标与素质目标

模块	知识目标	技能目标	素质目标
期间费用	掌握期间费用的核算内容及其核算	能准确甄别期间费用的具体归属项目并熟练进行相关账务处理（审核原始凭证、编制记账凭证）	引导学生思考如何从多角度评价企业利润质量，使学生深刻理解利润质量的分析，同时结合利润操纵、盈余管理问题，提出诚信与职业道德的重要性，强化学生遵守职业道德规范的理念。
其他损益	掌握营业外收支的核算内容及其核算	能够填制和审核有关损益核算业务的原始凭证，编制记账凭证并登账	

本项目主要参考法规索引

1.《企业会计准则——基本准则》《企业会计准则第 17 号——借款费用(2006)》《企业会计准则第 16 号——政府补助(2017)》；

2.《企业会计准则应用指南(2006)》附录——会计科目和主要账务处理、《企业会计准则第 16 号——政府补助》应用指南(2018)；

3.中华人民共和国公司法(2018 年 10 月 26 日第十三届全国人民代表大会常务委员会第六次会议《关于修改〈中华人民共和国公司法〉的决定》第四次修正)中关于利润分配的规定。

模块一 期间费用业务

期间费用是指企业日常活动中所发生的经济利益的流出，它是企业为组织和管理整个经营活动所发生的费用，与可以确定特定成本核算对象的材料采购、产成品生产等没有直接关系，因而期间费用不计入有关核算对象的成本，而应计入发生当期损益的费用。

期间费用包含以下两种情况：一是企业发生的支出不产生经济利益，或者即使产生经济利益但不符合或者不再符合资产确认条件的，应当在发生时确认为费用，计入当期损益。二是企业发生的交易或者事项导致其承担了一项负债，而又不确认为一项资产的，应当在发生时确认为费用，计入当期损益。

期间费用包括财务费用、销售费用和管理费用。

任务1　财务费用确认的核算

任务描述：财务费用的核算

例：关于利息收入的处理。业务38：收到存款利息。21日，收到银行存款利息。根据相关原始凭证：银行计付存款利息清单（见图5-1、5-2），编制记账凭证（见图5-3）。

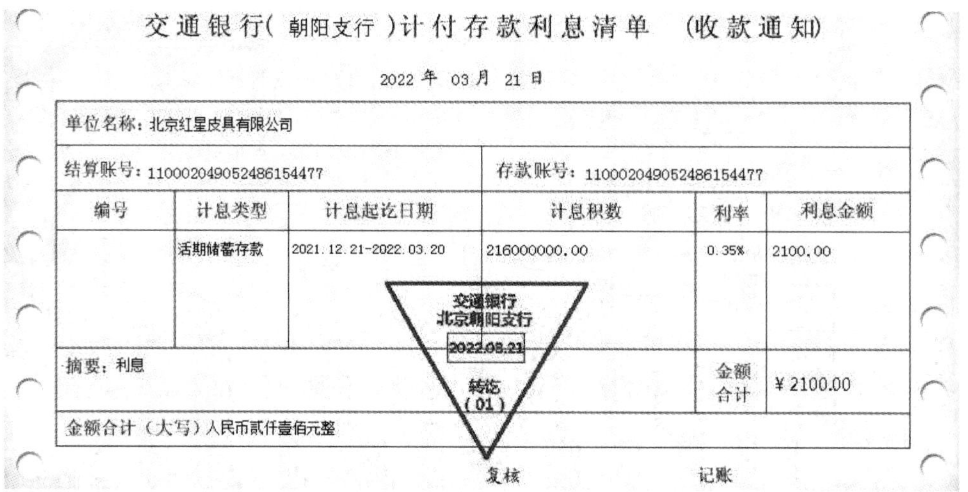

交通银行（朝阳支行）计付存款利息清单　（收款通知）

2022年03月21日

单位名称：北京红星皮具有限公司					
结算账号：110002049052486154477			存款账号：110002049052486154477		
编号	计息类型	计息起讫日期	计息积数	利率	利息金额
	活期储蓄存款	2021.12.21-2022.03.20	216000000.00	0.35%	2100.00
摘要：利息				金额合计	¥2100.00
金额合计（大写）人民币贰仟壹佰元整					

交通银行北京朝阳支行 2022.03.21 转讫（01）

复核　　记账

图5-1　银行计付存款利息清单

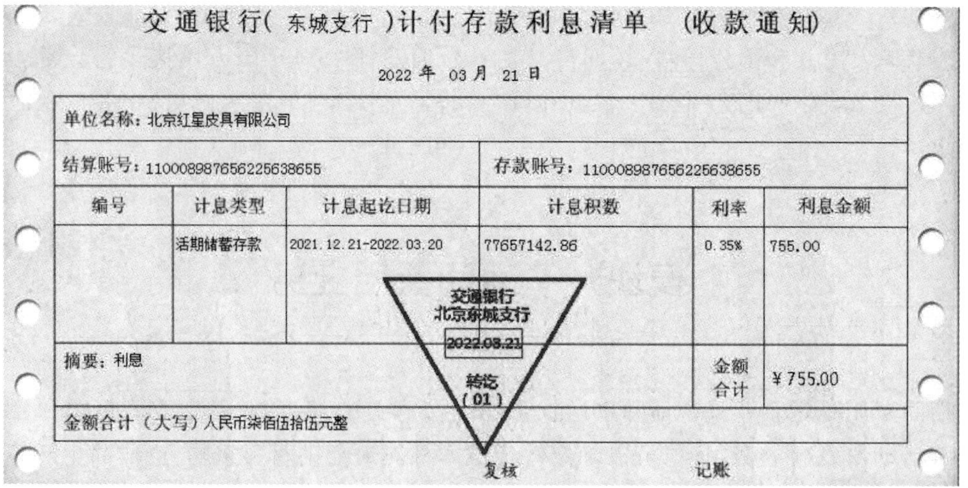

交通银行（东城支行）计付存款利息清单　（收款通知）

2022年03月21日

单位名称：北京红星皮具有限公司					
结算账号：110008987656225638655			存款账号：110008987656225638655		
编号	计息类型	计息起讫日期	计息积数	利率	利息金额
	活期储蓄存款	2021.12.21-2022.03.20	77657142.86	0.35%	755.00
摘要：利息				金额合计	¥755.00
金额合计（大写）人民币柒佰伍拾伍元整					

交通银行北京东城支行 2022.03.21 转讫（01）

复核　　记账

图5-2　银行计付存款利息清单

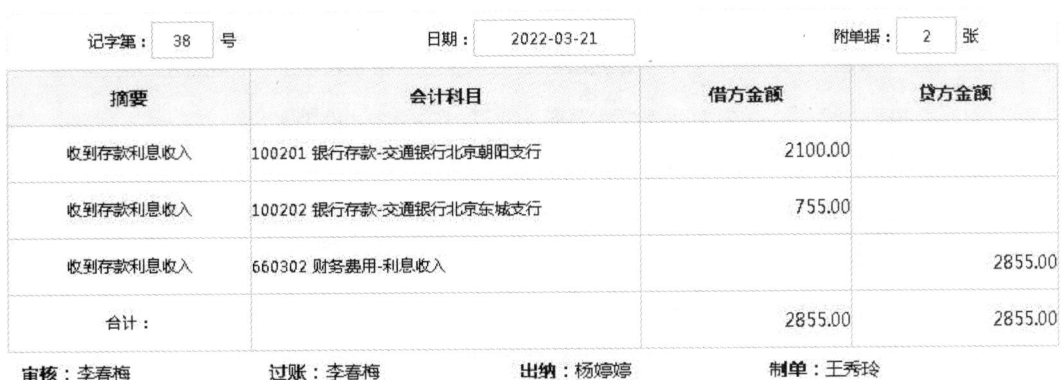

记账凭证

记字第：38 号　　日期：2022-03-21　　附单据：2 张

摘要	会计科目	借方金额	贷方金额
收到存款利息收入	100201 银行存款-交通银行北京朝阳支行	2100.00	
收到存款利息收入	100202 银行存款-交通银行北京东城支行	755.00	
收到存款利息收入	660302 财务费用-利息收入		2855.00
合计：		2855.00	2855.00

审核：李春梅　　过账：李春梅　　出纳：杨婷婷　　制单：王秀玲

图 5-3　记账凭证

知识解读：财务费用的账务处理

财务费用是指企业为筹集生产经营所需资金等而发生的筹资费用，包括利息支出(减利息收入)、汇兑损益以及相关的手续费、企业发生或收到的现金折扣等。

为了核算财务费用的发生和结转情况，企业应设置“财务费用”账户。该账户属于损益类账户，借方登记企业发生的各项财务费用，贷方登记期末转入“本年利润”账户的财务费用。结转后该账户应无余额。该账户应按财务费用的费用项目进行明细核算。若企业获得利息收入，可以理解为利息支出的减少，计入“财务费用”科目的贷方。

企业发生的利息支出、汇兑损益等支出也属于企业的借款费用。所谓的借款费用是指企业因借入资金所付出的代价，包括借款利息、折价或者溢价的摊销、辅助费用以及因外币借款而发生的汇兑差额等。借款费用的确认与计量应遵循《企业会计准则第 17 号——借款费用》，借款费用确认的基本原则是：企业发生的借款费用可直接归属于符合资本化条件的资产构建或者生产的，应当予以资本化，计入相关资产成本；其他借款费用应当在发生时根据其发生额确认为费用，计入当期损益(“财务费用”)。

在本次实训中，业务 49：计提 3 月份借款利息。2021 年 10 月从交通银行北京东城支行借入短期借款 1000000 元用于新建厂房，年利率 12%，每季度付息一次；该借款从 3 月起符合资本化支出，此笔借款是为建造厂房而专门借入的，符合资本化条件，编制记账凭证如图 5-4 所示。

例：支付借款利息。业务 50：31 日，承上笔任务，支付一季度借款利息。根据原始凭证：借款合同(见图 5-5)和银行付款通知书(见图 5-6)，编制记账凭证(见图 5-7)。

记账凭证

记字第：49 号　　日期：2022-03-31　　附单据：0 张

摘要	会计科目	借方金额	贷方金额
计提本月利息费用	16040104 在建工程-2#厂房-利息费用	10000.00	
计提本月利息费用	2231 应付利息		10000.00
合计：		10000.00	10000.00

审核：李春梅　　过账：李春梅　　出纳：　　制单：王秀玲

图 5-4　记账凭证

借款合同

借款方：北京红星皮具有限公司

法定代表人：邓伟丰

地址：北京市朝阳区科技工业园158号　　电话：010-59466497

贷款方：交通银行北京东城支行

法定代表人：王朝辉

地址：北京市东城区东直门外大街48号　　电话：010-85526505

根据国家法律规定，借款方为进行基本建设所需贷款，经贷款方审查发放。为明确双方责任，恪守信用，特签订本合同，共同遵守。

第一条　借款用途：用于建造北京市朝阳区科技工业园158号的2#厂房。

第二条　借款金额：借款方向贷款方借款人民币壹佰万元整（¥1000000.00）。

第三条　借款利率：自支用贷款之日起，按实际支用数计算利息，在合同规定的借款期内年息为12.00%，利息于每季季末支付。借款方如果不按期归还贷款，按逾期部分加收利率20%。

第四条　借款期限：借款方保证从2021年10月15日起至2022年10月14日止，就国家规定的还款资金偿还全部贷款。贷款逾期不还的部分，贷款方有权限期追回贷款，或者商请借款单位的其他开户银行代为扣款清偿。

第五条　因国家调整计划、产品价格、税率，以及修正概算等原因，需要变更合同条款时，由双方签订变更合同的文件，作为本合同的组成部分。

......

第十条　本合同经过签章后生效，贷款本息全部清偿后失效。本合同一式五份，签章各方各执一份，报送主管部门、总行、分行各一份。

借款方：北京红星皮具有限公司　　贷款方：交通银行北京东城支行

法定代表人：邓伟丰　　法定代表人：林朝辉

日期：2021年10月15日　　日期：2021年10月15日

图 5-5　借款合同

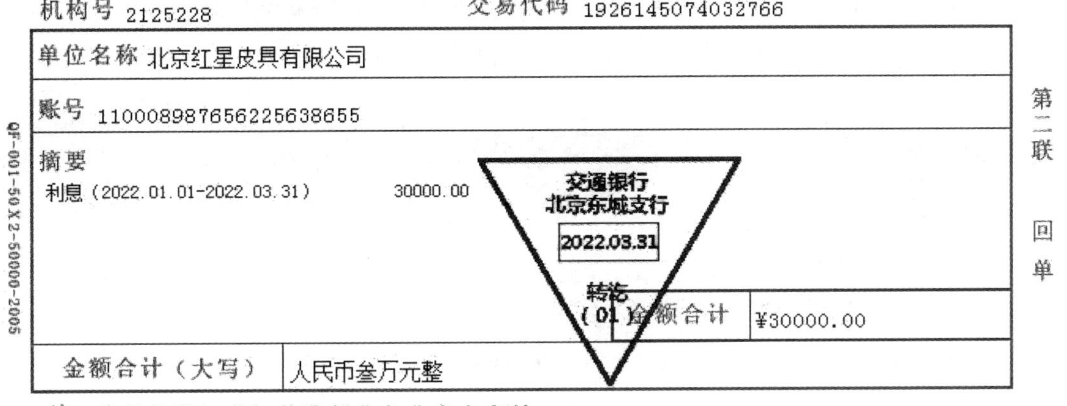
交通银行（北京东城支行）付款通知书

日期 2022年03月31日

机构号 2125228 交易代码 1926145074032766

单位名称 北京红星皮具有限公司	
账号 110008987656225638655	
摘要 利息（2022.01.01-2022.03.31） 30000.00	金额合计 ¥30000.00
金额合计（大写）	人民币叁万元整

注：此付款通知书加盖我行业务公章方有效。

流水号 12410738361 经办 林小茹

图 5-6 银行付款通知书

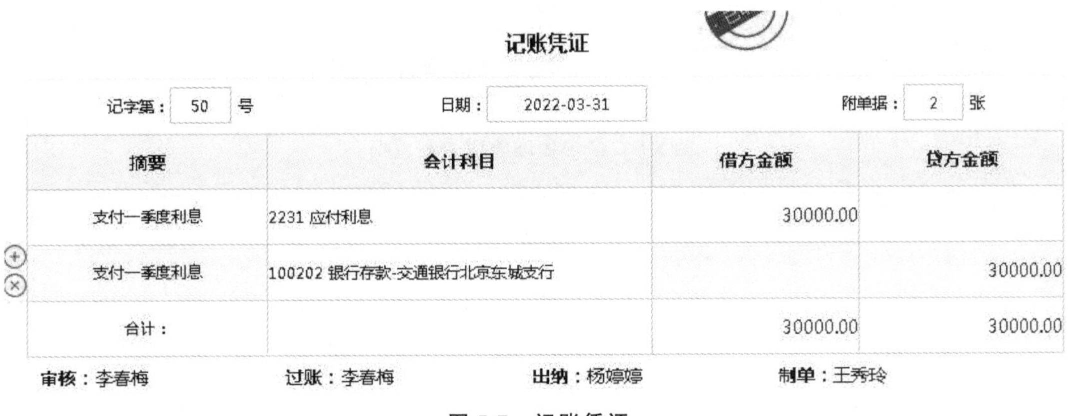
记账凭证

记字第：50 号 日期：2022-03-31 附单据：2 张

摘要	会计科目	借方金额	贷方金额
支付一季度利息	2231 应付利息	30000.00	
支付一季度利息	100202 银行存款-交通银行北京东城支行		30000.00
合计：		30000.00	30000.00

审核：李春梅 过账：李春梅 出纳：杨婷婷 制单：王秀玲

图 5-7 记账凭证

任务 2 销售费用确认的核算

销售费用是指企业销售商品和材料、提供劳务的过程中发生的各种费用，主要包括两方面的内容：一是包括企业在销售商品过程中发生的保险费、包装费、展览费和广告费、商品维修费、预计产品质量保证损失、运输费、装卸费，随同商品出售不单独计价的包装物的成本，委托代销商品支付的手续费等。二是销售机构发生的费用：包括为销售本企业商品而专设的销售机构的职工薪酬、业务费、折旧费等经营费用，以及与专设销售机构相关的固定资产修理费用等。销售费用是与企业销售商品活动有关的费用，但不包括销售商品本身的成本，该成本属于主营业务成本。

任务描述：销售费用的核算

例：支付广告费。业务 40：支付广告费。21 日，结合第 3、4 笔任务资料，支付广告费用。根据相关原始凭证：广告费增值税专用发票（见图 5-8）、转账支票存根联（见图 5-9）、银行付款凭证（见图 5-10、5-11），编制记账凭证（见图 5-12）。

1101181130　　北京增值税专用发票　　№ 20546030　　1101181130 20546030

开票日期：2022年03月21日

购买方	名　称：北京红星皮具有限公司 纳税人识别号：911101060911564238 地址、电话：北京市朝阳区科技工业园158号 010-59466497 开户行及账号：交通银行北京朝阳支行 110002049052486154477			密码区	02+408-7*85-13/<5/47-5-500- 8+5+>16>**89980*-8-9+33434/ 53+411//385930-0-685999+231 54-1076-79-9*11087<2--29*5/		
货物或应税劳务、服务名称	规格型号	单位	数量	单价	金额	税率	税额
*广告服务*广告宣传费		次	1	30000.00	30000.00	6%	1800.00
合　计					¥30000.00		¥1800.00
价税合计（大写）	⊗叁万壹仟捌佰元整				（小写）¥31800.00		
销售方	名　称：北京飞扬广告有限公司 纳税人识别号：91110105101673382C 地址、电话：北京市朝阳区光华路885号 010-65629836 开户行及账号：交通银行北京朝阳支行 110002069057833269902			备注			

收款人：　　复核：　　开票人：黄玉　　销售方：（章）

第三联：发票联　购买方记账凭证

图 5-8　广告费增值税专用发票

存根联　正联

交通银行
转账支票存根
30108020
00023338
附加信息
出票日期 2022年03月21日
收款人：北京飞扬广告有限公司
金　额：¥31800.00
用　途：支付广告费
单位主管　　会计

图 5-9　转账支票存根联

交通银行 进账单（贷方凭证） 2

2022 年 03 月 21 日

出票人	全称	北京红星皮具有限公司	收款人	全称	北京飞扬广告有限公司
	账号	110002049052486154477		账号	110002069057833269902
	开户银行	交通银行北京朝阳支行		开户银行	交通银行北京朝阳支行
金额	人民币（大写）叁万壹仟捌佰元整			亿千百十万千百十元角分	¥3180000
票据种类	转账支票	票据张数	1		
票据号码	00023338				
备注：				复核：　记账：	

8.5×17.5公分　交9　角宣印刷 0512-65011866

此联由收款人开户银行作贷方凭证

图 5-10　银行支付凭证（贷方凭证）

交通银行 进账单（回　单） 1

2022 年 03 月 21 日

出票人	全称	北京红星皮具有限公司	收款人	全称	北京飞扬广告有限公司
	账号	110002049052486154477		账号	110002069057833269902
	开户银行	交通银行北京朝阳支行		开户银行	交通银行北京朝阳支行
金额	人民币（大写）叁万壹仟捌佰元整			亿千百十万千百十元角分	¥3180000
票据种类	转账支票	票据张数	1		
票据号码	00023338				
复核　记账				开户银行签章	

8.5×17.5公分　交9　角宣印刷 0512-65011866

此联是开户银行交给持票人的回单

图 5-11　银行支付凭证（回单）

记账凭证

记字第：40 号　　日期：2022-03-21　　附单据：4 张

摘要	会计科目	借方金额	贷方金额
支付广告费	660103 销售费用-业务宣传费	30000.00	
支付广告费	22210101 应交税费-应交增值税-进项税额	1800.00	
支付广告费	100201 银行存款-交通银行北京朝阳支行		31800.00
合计：		31800.00	31800.00

审核：李春梅　　过账：李春梅　　出纳：杨婷婷　　制单：王秀玲

图 5-12　记账凭证

例：结转包装物成本。业务62：结转销售发出包装物。31日，结转销售发出包装物（未单独计价）。根据相关原始凭证：出库单（见图5-13、5-14、5-15）、包装物发出成本计算表（见图5-16），编制记账凭证（见图5-17）。

出　库　单

出货单位：北京红星皮具有限公司　　2022年03月06日　　单号002

提货单位或领货部门	北京乐亭皮具商贸有限公司	销售单号	202203001	发出仓库	周转材料仓	出库日期	2022.03.06

编号	名称及规格	单位	数量 应发	数量 实发	单价	金额
301	纸袋	个	1377	1377		
合计						

会计联

部门经理：王涛　　会计：王秀玲　　仓库：冯新新　　经办人：邹发

图5-13　出库单1

出　库　单

出货单位：北京红星皮具有限公司　　2022年03月18日　　单号004

提货单位或领货部门	北京市王府井百货有限公司	销售单号	202203002	发出仓库	周转材料仓	出库日期	2022.03.18

编号	名称及规格	单位	数量 应发	数量 实发	单价	金额
301	纸袋	个	1734	1734		
合计						

会计联

部门经理：王涛　　会计：王秀玲　　仓库：冯新新　　经办人：邹发

图5-14　出库单2

出　库　单

出货单位：北京红星皮具有限公司　　2022年03月25日　　单号006

提货单位或领货部门	广州巴黎春天百货有限公司	销售单号	202203003	发出仓库	周转材料仓	出库日期	2022.03.25

编号	名称及规格	单位	数量 应发	数量 实发	单价	金额
301	纸袋	个	2317	2317		
合计						

会计联

部门经理：王涛　　会计：王秀玲　　仓库：冯新新　　经办人：邹发

图5-15　出库单3

包装物发出成本计算表

2022年03月31日　　　　金额单位：元

产品编码	原材料	单位	期初余额			本期入库			本期领用			期末余额		
			数量	单价	金额	数量	单价	金额	数量	单价	金额	数量	单价	金额
301	纸袋	个	10000	2.00	20000.00				5428	2.00	10856.00	4572	2.00	9144.00
合计					20000.00						10856.00			9144.00

审核：李春梅　　　　制单：王秀玲

图 5-16　包装物发出成本计算表

记账凭证

记字第：62 号　　日期：2022-03-31　　附单据：4 张

摘要	会计科目	借方金额	贷方金额
结转销售发出包装物未单独计价	660107 销售费用-包装物	10856.00	
结转销售发出包装物未单独计价	141101 周转材料-纸袋		10856.00
合计：		10856.00	10856.00

审核：李春梅　　过账：李春梅　　出纳：　　制单：王秀玲

图 5-17　记账凭证

知识解读：销售费用的账务处理

企业应当设置“销售费用”账户核算销售费用的发生和结转情况。该账户属于损益类账户，借方登记企业所发生的各项销售费用，贷方登记期末转入“本年利润”账户的销售费用，结转后该账户应无余额，该账户应按销售费用的费用项目进行明细核算。

任务 3　管理费用确认的核算

管理费用是非常重要的期间费用，主要包括：

(1)组织和管理企业生产经营发生的费用：筹建期间发生的开办费、聘请中介机构费、咨询费(含顾问费)、诉讼费、业务招待费、技术转让费、研究费等。

(2)管理机构发生的费用：董事会和行政管理部门在企业的经营管理中发生的以及应由企业统一负担的公司经费(包括行政管理部门职工薪酬、物料消耗、低值易耗品摊销、办公费、差旅费、工会经费和董事会费)，行政管理部门的固定资产维修费用。

(3)特殊情形：内部研发无形资产不符合资本化条件的支出。

【提示】商品流通企业管理费用不多的，可不设本科目，相关核算内容可并入“销售费用”科目核算。

具体构成情况详见图 5-18。

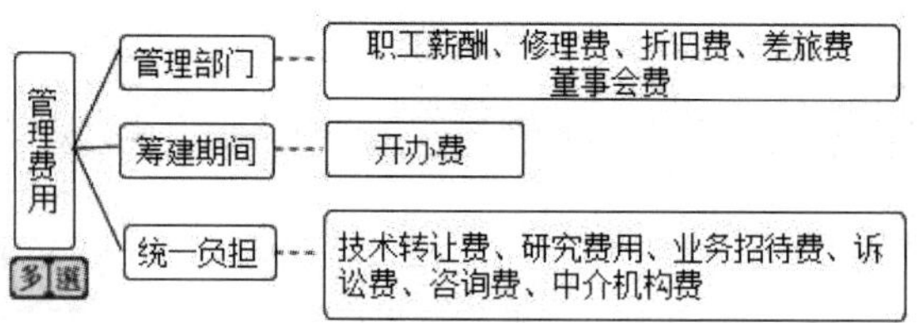

图 5-18　管理费用构成情况

任务描述:管理费用的核算

例:管理费用核算。业务 13:报销差旅费。8 日,总经办报销邓伟丰差旅费,借款不足冲减部分用现金支付。根据相关原始凭证:差旅费报销单(见图 5-19)、住宿费增值税专用发票(见图 5-20)、餐费增值税普通发票(见图 5-21、5-22)、机票(见图 5-23、5-24),编制记账凭证(见图 5-25)。

差旅费报销单　　现金付讫

2022 年 03 月 08 日　　单据及附件共 5 张

所属部门		管理部		姓名	邓伟丰	出差事由	拜访客户	
出发		到达		起止地点	交通费	住宿费	伙食费	其他
月	日	月	日					
03	06	03	06	北京-广州	1120.00			
03	06	03	08			676.28	300.00	2000.00(招待费)
03	08	03	08	广州-北京	1070.00			
合计	大写金额:伍仟壹佰陆拾陆元贰角捌分 ¥5166.28				预支旅费	¥5000.00	退回金额	¥0.00
							补付金额	¥166.28

总经理:邓伟丰　　财务经理:李春梅　　会计:王秀玲　　出纳:杨婷婷　　部门经理:　　报销人:邓伟丰

图 5-19　差旅费报销单

4401191130　　广东增值税专用发票　　№ 00052236　　4401191130　00052236

开票日期:2022年03月08日

购买方　名　　称:北京红星皮具有限公司
纳税人识别号:911101060911564238
地 址、电 话:北京市朝阳区科技工业园158号 010-59466497
开户行及账号:交通银行北京朝阳支行 110002049052486154477

密码区　02+408-7*85-13/<5/47-5-500-
8+5+>16>**89980*-8-9+33434/
53+411//385930-0-685999+231
54-1076-79-9*11087<2--29*5/

货物或应税劳务、服务名称	规格型号	单位	数量	单价	金额	税率	税额
*住宿服务*住宿费		天	2	319.00	638.00	6%	38.28
合计					¥638.00		¥38.28

价税合计(大写)　⊗陆佰柒拾陆元贰角捌分　　(小写)¥676.28

销售方　名　　称:广州七天连锁酒店
纳税人识别号:914401043641514812
地 址、电 话:广州市天河区长江中路175号 020-28411101
开户行及账号:中国工商银行广州天河支行 41000318239124012880

备注　广州七天连锁酒店　914401043641514812　发票专用章

收款人:　　复核:　　开票人:[illegible]　　销售方:(章)

第三联:发票联　购买方记账凭证

图 5-20　住宿费增值税专用发票

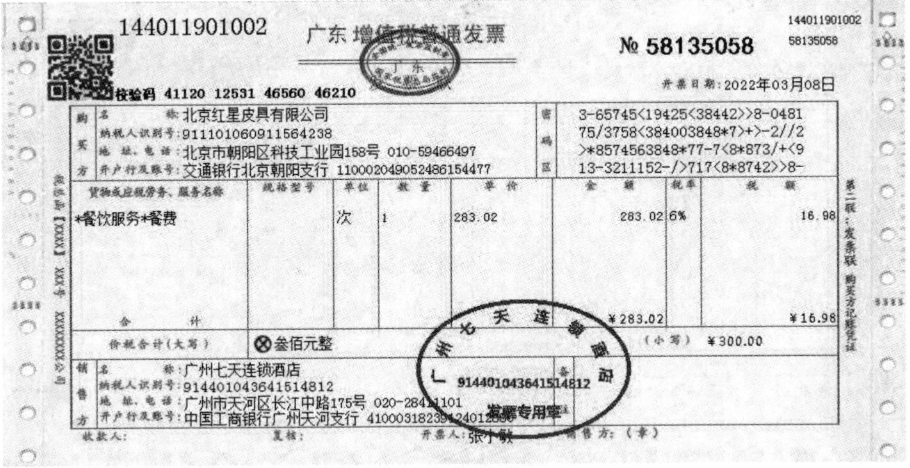

144011901002　　广东增值税普通发票　　№ 58135058　　144011901002 58135058

校验码 41120 12531 46560 46210　　开票日期：2022年03月08日

购买方	名　　称：北京红星皮具有限公司 纳税人识别号：911101060911564238 地址、电话：北京市朝阳区科技工业园158号 010-59466497 开户行及账号：交通银行北京朝阳支行 110002049052486154477	密码区	3-65745<19425<38442>>8-0481 75/3758<384003848*7>+>-2//2 >*8574563848*77-7<8*873/+<9 13-3211152-/>717<8*8742>>8-

货物或应税劳务、服务名称	规格型号	单位	数量	单价	金额	税率	税额
*餐饮服务*餐费		次	1	283.02	283.02	6%	16.98
合　　计					¥283.02		¥16.98
价税合计（大写）	⊗叁佰元整				（小写）¥300.00		

销售方	名　　称：广州七天连锁酒店 纳税人识别号：914401043641514812 地址、电话：广州市天河区长江中路175号 020-28411101 开户行及账号：中国工商银行广州天河支行 4100031823[illegible]	备注	

收款人：　　复核：　　开票人：张小敏　　销售方：（章）

第二联：发票联　购买方记账凭证

图 5-21　餐费增值税普通发票

航空运输电子客票行程单
ITINERARY/RECEIPT OF E-TICKET FOR AIR TRANSPORT

印刷序号：
SERIAL NUMBER: 4819205781 8

旅客姓名 NAME OF PASSENGER	有效身份证件号码 ID.NO.	签注 ENDORSEMENTS/RESTRICTIONS (CARBON)
邓伟丰	430223197203182716	不得签转

	承运人 CARRIER	航班号 FLIGHT	座位等级 CLASS	日期 DATE	时间 TIME	客票级别/客票类别 FARE BASIS	客票生效日期 NOT VALID BEFORE	有效截止日期 NOT VALID AFTER	免费行李 ALLOW
自 FROM 北京	TY	MU4129	8	06Mar	1055	Y			20KG
至 TO 广州									
至 TO									
至 TO									
至 TO	票价 FARE CNY1020.00	民航发展基金 CIVIL AVIATION DEVELOPMENT FUND CNY50.00	燃油附加费 FUEL SURCHARGE CNY50.00	其他税费 OTHER TAXES	合计 TOTAL CNY1120.00				

电子客票号码 E-TICKET NO. 4719372890164	验证码 CK. 7128	提示信息 INFORMATION	保险费 INSURANCE
销售单位代号 AGENT CODE. FU01382947885	填开单位 ISSUED BY 北京捷达航空服务有限公司		填开日期 DATE OF ISSUE 2022-03-06

验真网址：WWW.TRAVELSKY.COM　服务热线：400-815-8888　短信验真：发送JP至10669018

付款凭证 RECEIPT　手写无效 INVALID IN HANDWRITING

图 5-22　餐费增值税普通发票

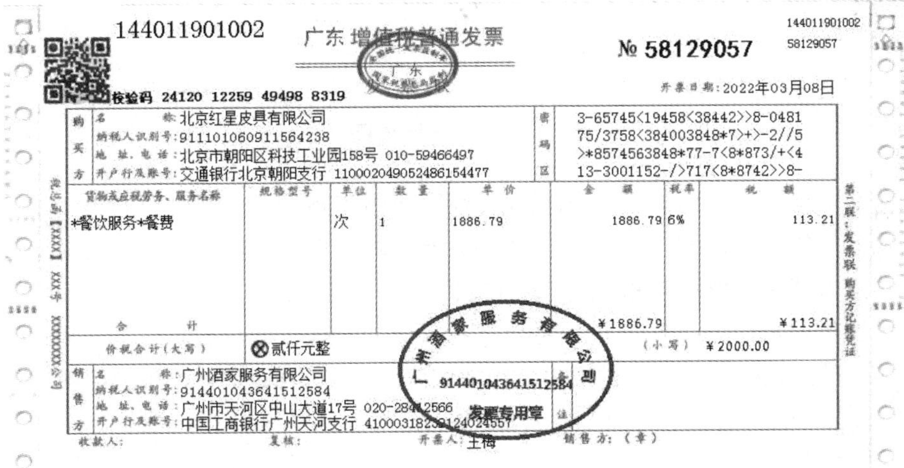

144011901002　　广东增值税普通发票　　№ 58129057　　144011901002 58129057

校验码 24120 12259 49498 8319　　开票日期：2022年03月08日

购买方	名　　称：北京红星皮具有限公司 纳税人识别号：911101060911564238 地址、电话：北京市朝阳区科技工业园158号 010-59466497 开户行及账号：交通银行北京朝阳支行 110002049052486154477	密码区	3-65745<19458<38442>>8-0481 75/3758<384003848*7>+>-2//5 >*8574563848*77-7<8*873/+<4 13-3001152-/>717<8*8742>>8-

货物或应税劳务、服务名称	规格型号	单位	数量	单价	金额	税率	税额
*餐饮服务*餐费		次	1	1886.79	1886.79	6%	113.21
合　　计					¥1886.79		¥113.21
价税合计（大写）	⊗贰仟元整				（小写）¥2000.00		

销售方	名　　称：广州酒家服务有限公司 纳税人识别号：914401043641512584 地址、电话：广州市天河区中山大道17号 020-28412566 开户行及账号：中国工商银行广州天河支行 4100031823[illegible]	备注	

收款人：　　复核：　　开票人：王梅　　销售方：（章）

第二联：发票联　购买方记账凭证

图 5-23　机票（发票）

航空运输电子客票行程单
ITINERARY/RECEIPT OF E-TICKET FOR AIR TRANSPORT

印刷序号：
SERIAL NUMBER:6619202651 5

旅客姓名 NAME OF PASSENGER	有效身份证件号码 ID.NO.	签注 ENDORSEMENTS/RESTRICTIONS (CARBON)
邓伟丰	430223197203182716	不得签转

	承运人 CARRIER	航班号 FLIGHT	座位等级 CLASS	日期 DATE	时间 TIME	客票级别/客票类别 FARE BASIS	客票生效日期 NOT VALID BEFORE	有效截止日期 NOT VALID AFTER	免费行李 ALLOW
自 FROM 广州	TY	MU4129	B	08Mar	1510	Y			20KG
至 TO 北京									
至 TO									
至 TO									
至 TO									

票价 FARE	民航发展基金 CIVIL AVIATION DEVELOPMENT FUND	燃油附加费 FUEL SURCHARGE	其他税费 OTHER TAXES	合计 TOTAL
CNY970.00	CNY50.00	CNY50.00		CNY1070.00

电子客票号码 E-TICKET NO. 4719372891059　验证码 CK. 7128　提示信息 INFORMATION　保险费 INSURANCE

销售单位代号 AGENT CODE. FU01381947192　填开单位 ISSUED BY 广州捷达航空服务有限公司　填开日期 DATE OF ISSUE 2022-03-08

验真网址：WWW.TRAVELSKY.COM　服务热线：400-815-8888　短信验真：发送JP至10669018

付款凭证 RECEIPT　手写无效 INVALID IN HANDWRITING

图 5-24　机票(行程单)

记账凭证

记字第：13 号　日期：2022-03-08　附单据：6 张

摘要	会计科目	借方金额	贷方金额
报销差旅费	660207 管理费用-差旅费	2955.43	
报销差旅费	660206 管理费用-业务招待费	2000.00	
报销差旅费	22210101 应交税费-应交增值税-进项税额	210.85	
报销差旅费	122102 其他应收款-邓伟丰		5000.00
报销差旅费	1001 库存现金		166.28
合计：		5166.28	5166.28

审核：李春梅　过账：李春梅　出纳：杨婷婷　制单：王秀玲

图 5-25　记账凭证

企业员工出差发生的交通费、住宿费、餐费作为管理费用——差旅费核算，金额包括不能抵扣的增值税。此例中的餐费为普通发票，对应的增值税不能抵扣计入管理费用。另车船票可以计算增值税抵扣，本例中可按机票票价与民航发展基金的合计金额，按 9% 税率计算增值税抵扣。

例：管理费用核算。业务 32：报销车辆加油费。17 日，行政部报销车辆油费。根据原始凭证：汽油增值税专用发票(见图 5-26)、报销单(见图 5-27)，编制记账凭证(见图 5-28)。

例：管理费用核算。业务 41：支付通讯费。22 日，支付本月管理部通讯费用。根据原始凭证：通讯费增值税专用发票(见图 5-29、5-30)、银行委托收款凭证(见图 5-31)，编制记账凭证(见图 5-32)。

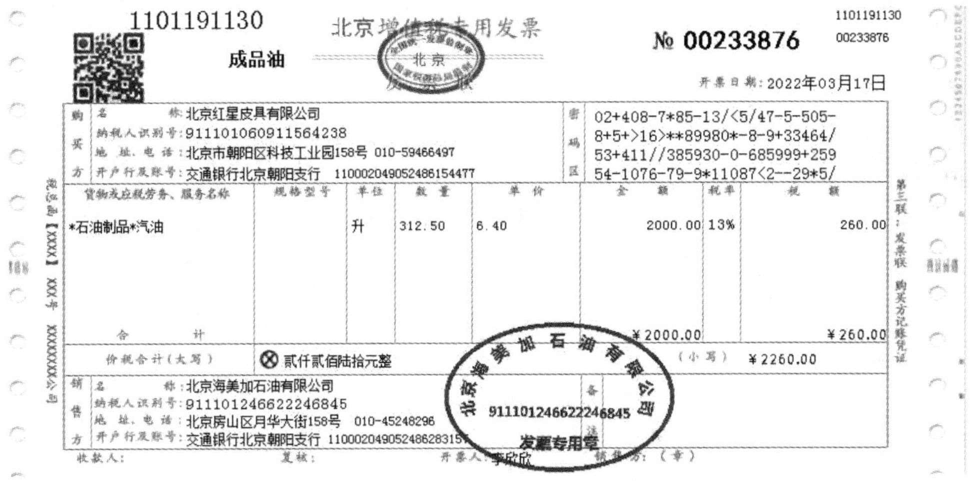

1101191130　北京增值税专用发票　№ 00233876　1101191130 00233876

成品油　北京　发票联

开票日期：2022年03月17日

购买方	名称：北京红星皮具有限公司 纳税人识别号：91110106091156 4238 地址、电话：北京市朝阳区科技工业园158号 010-59466497 开户行及账号：交通银行北京朝阳支行 110002049052486154477	密码区	02+408-7*85-13/<5/47-5-505- 8+5+>16>**89980*-8-9+33464/ 53+411//385930-0-685999+259 54-1076-79-9*11087<2--29*5/

货物或应税劳务、服务名称	规格型号	单位	数量	单价	金额	税率	税额
*石油制品*汽油		升	312.50	6.40	2000.00	13%	260.00
合计					¥2000.00		¥260.00
价税合计（大写）	⊗贰仟贰佰陆拾元整				（小写）¥2260.00		

销售方	名称：北京海美加石油有限公司 纳税人识别号：911101246622246845 地址、电话：北京房山区月华大街158号 010-45248296 开户行及账号：交通银行北京朝阳支行 110002049052486283157	备注	

收款人：　复核：　开票人：李欣欣　销售方：（章）

第三联：发票联　购买方记账凭证

图 5-26　汽油增值税专用发票

报　销　单

填报日期：2022年 03 月 17 日　　单据及附件共 1 张

姓名	杨元涛	所属部门	管理部	报销形式	现金
				支票号码	

报销项目	摘要	金额	备注：
车辆加油费		2260.00	
			现金付讫
合计		¥2260.00	
金额大写：零 拾 零 万 贰 仟 贰 佰 陆 拾 零 元 零 角 零 分		原借款：0元	应退(补)款：2260.00元

总经理：邓伟丰　财务经理：李春梅　部门经理：　会计：王秀玲　出纳：杨婷婷　报销人：杨元涛

图 5-27　报销单

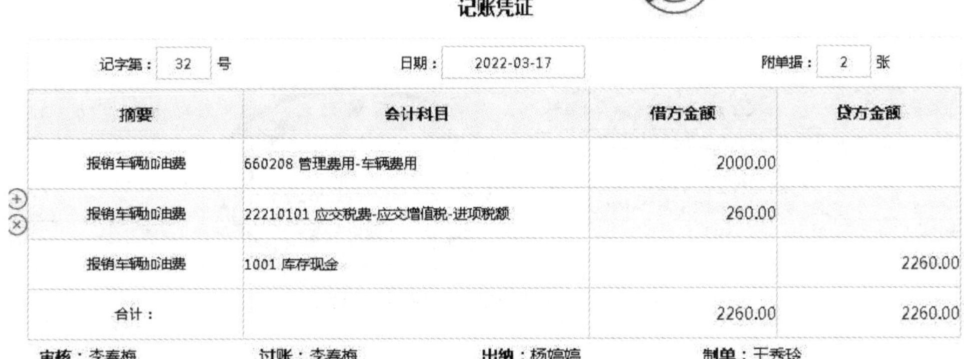

记账凭证

记字第：32 号　日期：2022-03-17　附单据：2 张

摘要	会计科目	借方金额	贷方金额
报销车辆加油费	660208 管理费用-车辆费用	2000.00	
报销车辆加油费	22210101 应交税费-应交增值税-进项税额	260.00	
报销车辆加油费	1001 库存现金		2260.00
合计：		2260.00	2260.00

审核：李春梅　过账：李春梅　出纳：杨婷婷　制单：王秀玲

图 5-28　记账凭证

1101191130

北京增值税专用发票

№ 20546306

1101191130
20546306

开票日期：2022年03月22日

购买方
名称：北京红星皮具有限公司
纳税人识别号：911101060911564238
地址、电话：北京市朝阳区科技工业园158号 010-59466497
开户行及账号：交通银行北京朝阳支行 110002049052486154477

密码区
02+408-7*85-13/<5/47-5-500-
8+5+>16>**89980*-8-9+33434/
53+411//385930-0-685999+231
54-1076-79-9*11087<2--29*5/

货物或应税劳务、服务名称	规格型号	单位	数量	单价	金额	税率	税额
*电信服务*电信增值服务费		次	1	2500.00	2500.00	6%	150.00
合计					¥2500.00		¥150.00
价税合计（大写）	⊗贰仟陆佰伍拾元整					（小写）	¥2650.00

销售方
名称：中国电信股份有限公司北京分公司
纳税人识别号：91110105862296295F
地址、电话：北京市朝阳区松庄路026号 010-84657897
开户行及账号：中国工商银行北京朝阳支行 4100888800098699078

备注

收款人： 复核： 开票人：余秀琴 销售方：（章）

第三联：发票联 购买方记账凭证

税总函【XXXX】XXX号 XXXXXXXX公司

图 5-29 通讯费增值税专用发票 1

1101191130

北京增值税专用发票

№ 20546305

1101191130
20546305

开票日期：2022年03月22日

购买方
名称：北京红星皮具有限公司
纳税人识别号：911101060911564238
地址、电话：北京市朝阳区科技工业园158号 010-59466497
开户行及账号：交通银行北京朝阳支行 110002049052486154477

密码区
02+408-7*85-13/<5/47-5-500-
8+5+>16>**89980*-8-9+33434/
53+411//385930-0-685999+231
54-1076-79-9*11087<2--29*5/

货物或应税劳务、服务名称	规格型号	单位	数量	单价	金额	税率	税额
*电信服务*电信基础服务费		次	1	2250.00	2250.00	9%	202.50
合计					¥2250.00		¥202.50
价税合计（大写）	⊗贰仟肆佰伍拾贰元伍角整					（小写）	¥2452.50

销售方
名称：中国电信股份有限公司北京分公司
纳税人识别号：91110105862296295F
地址、电话：北京市朝阳区松庄路026号 010-84657897
开户行及账号：中国工商银行北京朝阳支行 4100888800098699078

备注

收款人： 复核： 开票人：余秀琴 销售方：（章）

第三联：发票联 购买方记账凭证

税总函【XXXX】XXX号 XXXXXXXX公司

图 5-30 通讯费增值税专用发票 2

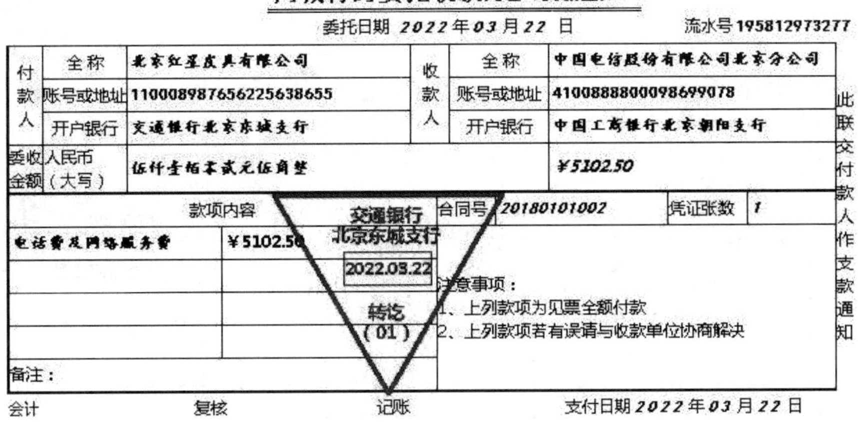

同城特约委托收款凭证（支款通知）

委托日期 2022年03月22日　　流水号 195812973277

付款人	全称	北京红星皮具有限公司	收款人	全称	中国电信股份有限公司北京分公司
	账号或地址	110008987656225638655		账号或地址	4100888800098699078
	开户银行	交通银行北京东城支行		开户银行	中国工商银行北京朝阳支行
委收金额	人民币（大写）	伍仟壹佰零贰元伍角整			¥5102.50
款项内容			合同号	20180101002	凭证张数 1
电话费及网络服务费	¥5102.50				
备注：			注意事项：1、上列款项为见票全额付款 2、上列款项若有误请与收款单位协商解决		

交通银行北京东城支行 2022.03.22 转讫（01）

此联交付款人作支款通知

会计　复核　记账　支付日期 2022年03月22日

图 5-31　银行委托收款凭证

记账凭证

记字第：41 号　　日期：2022-03-22　　附单据：3 张

摘要	会计科目	借方金额	贷方金额
支付通讯费	660204 管理费用-通讯费	4750.00	
支付通讯费	22210101 应交税费-应交增值税-进项税额	352.50	
支付通讯费	100202 银行存款-交通银行北京东城支行		5102.50
合计：		5102.50	5102.50

审核：李春梅　过账：李春梅　出纳：杨婷婷　制单：王秀玲

图 5-32　记账凭证

例：管理费用核算。业务 47：购买办公用品。28 日，报销购买办公用品。根据原始凭证：购买办公用品增值税专用发票（见图 5-33）及报销单（见图 5-34），编制记账凭证（见图 5-35）。

1101191130　**北京增值税专用发票**　№ 01453890

开票日期：2022年03月28日

购买方	名称：北京红星皮具有限公司 纳税人识别号：911101060911564238 地址、电话：北京市朝阳区科技工业园158号 010-59466497 开户行及账号：交通银行北京朝阳支行 110002049052486154477				密码区	02+408-7*85-13/<5/47-5-505-8+5+>16>**89980*-8-9+33464/53+411//385930-0-685999+259 54-1076-79-9*11087<2--29*5/		
货物或应税劳务、服务名称	规格型号	单位	数量	单价	金额	税率	税额	
*纸制品*A4		箱	20	95.00	1900.00	13%	247.00	
*纸制品*文件夹		个	300	2.00	600.00	13%	78.00	
*文具*记号笔		盒	25	20.00	500.00	13%	65.00	
合计					¥3000.00		¥390.00	
价税合计（大写）	⊗叁仟叁佰玖拾元整				（小写）¥3390.00			
销售方	名称：北京欣喜办公用品有限公司 纳税人识别号：91110101491317746C 地址、电话：北京市东城区大雅府12号 010-89034316 开户行及账号：中国工商银行北京东城支行 41008888000045280450				备注			

收款人：　复核：　开票人：张启星　销售方：（章）

第三联：发票联 购买方记账凭证

北京欣喜办公用品有限公司 91110101491317746C 发票专用章

图 5-33　购买办公用品增值税专用发票

报 销 单

填报日期：2022年 03 月 28 日　　　　单据及附件共 1 张

姓名	杨元涛	所属部门	管理部	报销形式	现金	
				支票号码		
报销项目		摘要		金额		备注：
办公用品				3390.00		
						现金付讫
合计				¥3390.00		
金额大写：零 拾 零 万 叁 仟 叁 佰 玖 拾 零 元 零 角 零 分				原借款：0元	应退(补)款：3390.00元	

总经理：邓伟丰　财务经理：李春梅　部门经理：　会计：王秀玲　出纳：杨婷婷　报销人：杨元涛

图 5-34 报销单

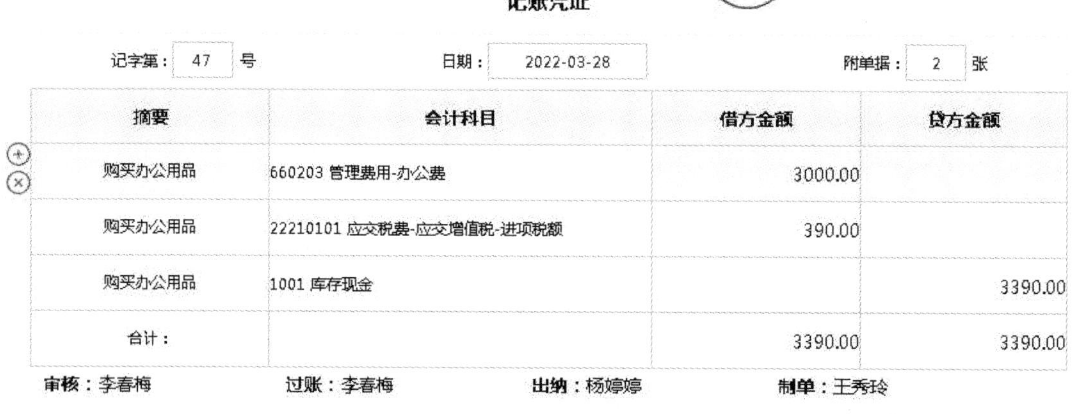

记账凭证

记字第：47 号　日期：2022-03-28　附单据：2 张

摘要	会计科目	借方金额	贷方金额
购买办公用品	660203 管理费用-办公费	3000.00	
购买办公用品	22210101 应交税费-应交增值税-进项税额	390.00	
购买办公用品	1001 库存现金		3390.00
合计：		3390.00	3390.00

审核：李春梅　过账：李春梅　出纳：杨婷婷　制单：王秀玲

图 5-35 记账凭证

知识解读：管理费用的账务处理

企业应当设置“管理费用”账户核算管理费用的发生和结转情况。该账户属于损益类账户，借方登记企业所发生的各项管理费用，贷方登记期末转入“本年利润”账户的管理费用，结转后该账户应无余额，该账户应按管理费用的费用项目进行明细核算。

模块二　其他损益业务

任务 1　营业外收入的核算

营业外收入是指企业发生的与其日常活动无直接关系的应计入当期损益的各项利得。营业外收入并不是企业经营资金耗费所产生的，实际上是经济利益的净流入，不需要与有关的费用进行配比。营业外收入主要包括非流动资产毁损报废收益、与日常活动无关的政府补助、盘盈利得(固定资产盘盈除外)、捐赠利得(企业接受股东或股东的子公司直接或间接的捐赠，经济实质属于股东对企业的资本性投入的除外)、确实无法支付的应付账款等。

其中：非流动资产毁损报废收益，指因自然灾害等发生毁损、已丧失使用功能而报废非流动资产所产生的清理收益。

与日常活动无关的政府补助，是指企业从政府无偿取得货币性资产或非货币性资产，且与企业日常活动无关的利得。

盘盈利得，是指企业对现金等资产清查盘点时发生盘盈，报经批准后计入营业外收入的金额，但固定资产盘盈除外。

捐赠利得，是指企业接受捐赠产生的利得，但企业接受股东或股东的子公司直接或间接的捐赠，经济实质属于股东对企业的资本性投入的除外。

确实无法支付的应付账款，按规定程序报经批准后转入营业外收入。

任务描述：营业外收入的核算

例：营业外收入核算。业务 31：收到员工罚款。17 日，收到员工违纪罚款。根据原始凭证罚款收据(见图 5-36)，编制记账凭证(见图 5-37)。

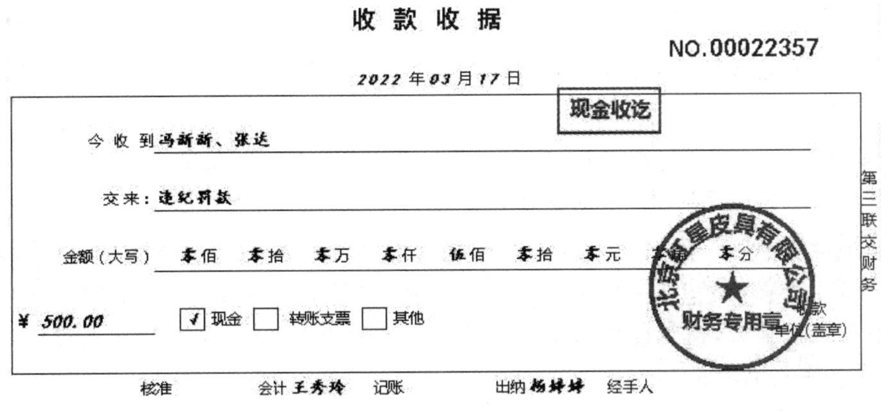

收 款 收 据

NO.00022357

2022 年 03 月 17 日

现金收讫

今 收 到 冯新新、张达

交来：违纪罚款

金额(大写) 零佰 零拾 零万 零仟 伍佰 零拾 零元 零分

¥ 500.00　☑ 现金　☐ 转账支票　☐ 其他

财务专用章　收款单位(盖章)

第三联 交财务

核准　会计 王秀玲　记账　出纳 杨婷婷　经手人

图 5-36　罚款收据

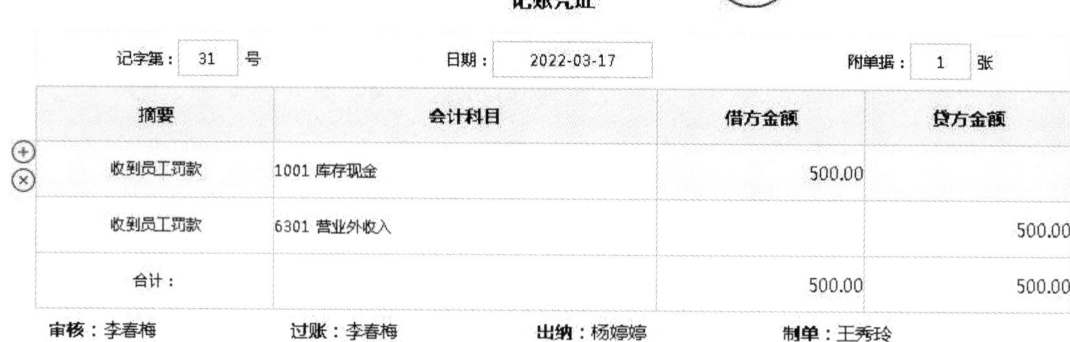

记账凭证

记字第：31 号　　日期：2022-03-17　　附单据：1 张

摘要	会计科目	借方金额	贷方金额
收到员工罚款	1001 库存现金	500.00	
收到员工罚款	6301 营业外收入		500.00
合计：		500.00	500.00

审核：李春梅　　过账：李春梅　　出纳：杨婷婷　　制单：王秀玲

图 5-37　记账凭证

知识解读：营业外收入的账务处理

企业应当设置“营业外收入”账户核算营业外收入的发生和结转情况。该账户属于损益类账户，贷方登记企业确认的各项营业外收入，借方登记期末转入“本年利润”账户的营业外收入，期末结转后该账户应无余额，该账户可按营业外收入项目设置明细账，进行明细核算。

1.确认非流动资产毁损报废收益

企业确认毁损报废非流动资产收益时，借记“固定资产清理”“银行存款”“待处理财产损溢”“无形资产”“原材料”等账户，贷记“营业外收入”账户。

2.确认盘盈利得、捐赠利得

企业确认盘盈利得、捐赠利得计入营业外收入时，借记“库存现金”“待处理财产损溢”等账户，贷记“营业外收入”账户。

3.期末结转

期末，应将“营业外收入”账户余额转入“本年利润”账户，借记“营业外收入”账户，贷记“本年利润”账户。结转后“营业外收入”账户应无余额。

任务 2　营业外支出的核算

营业外支出是指企业发生的与其日常活动无直接关系的各项损失，主要包括非流动资产毁损报废损失、捐赠支出、盘亏损失、非常损失、罚款支出等。

(1)非流动资产毁损报废损失，指因自然灾害等发生毁损、已丧失使用功能而报废非流动资产所产生的清理损失，包括固定资产毁损报废损失和无形资产毁损报废损失。固定资产毁损报废损失指企业毁损报废固定资产所取得的价款，或报废固定资产的材料价值和变价收入等，抵补处置固定资产的账面价值、清理费用、处置相关税费后的净损失；无形资产毁损报废损失，指企业毁损报废无形资产所取得的价款，抵补出售无形资产的账面价值、出售相关税费后的净损失。

(2)捐赠支出，指企业对外进行捐赠发生的支出。

(3)盘亏损失，主要指对于财产清查盘点中盘亏的资产，查明原因并报经批准计入营业外支出的损失。

(4)非常损失,指企业对于因客观因素(如自然灾害等)造成的损失,扣除保险公司赔偿后应计入营业外支出的净损失。

(5)罚款支出,指企业支付的行政罚款、税务罚款,以及其他违反法律法规、合同协议等而支付的罚款、违约金、赔偿金等支出。

任务描述:营业外支出的核算

例:营业外支出的核算。业务 45:捐赠支出。23 日,向公益性群众团体捐赠款项。根据原始凭证捐赠专用收据(见图 5-38)、转账支票存根联(见图 5-39)、银行进账单(见图 5-40),编制记账凭证(见图 5-41)。

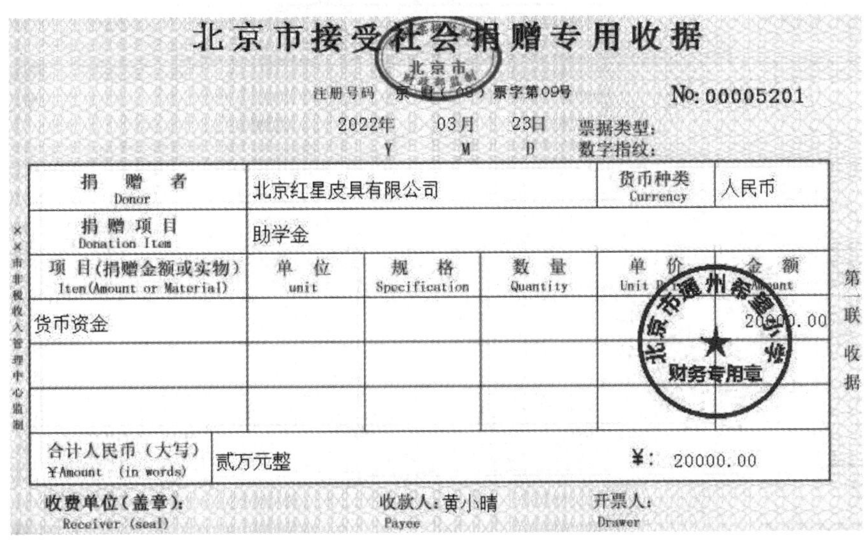

北京市接受社会捐赠专用收据

注册号码 京 □(□)票字第09号　No: 00005201

2022年 03月 23日　票据类型:
Y　M　D　数字指纹:

捐赠者 Donor	北京红星皮具有限公司			货币种类 Currency	人民币
捐赠项目 Donation Item	助学金				
项目(捐赠金额或实物) Item(Amount or Material)	单位 unit	规格 Specification	数量 Quantity	单价 Unit Price	金额 Amount
货币资金					20000.00
合计人民币(大写) ¥Amount (in words)	贰万元整				¥: 20000.00

收费单位(盖章): Receiver (seal)　收款人:黄小晴 Payee　开票人: Drawer

××市非税收入管理中心监制　第一联 收据

北京市通州希望小学 财务专用章

图 5-38　捐赠专用收据

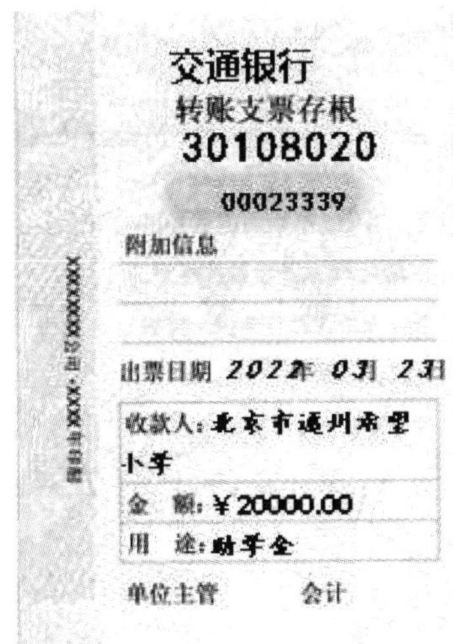

交通银行
转账支票存根
30108020
00023339
附加信息

出票日期 2022年 03月 23日

收款人:北京市通州希望小学
金　额:¥20000.00
用　途:助学金

单位主管　　会计

图 5-39　转账支票存根联

交通银行 进账单（回 单） 1

2022 年 03 月 23 日

出票人	全称	北京红星皮具有限公司	收款人	全称	北京市通州希望小学
	账号	110002049052486154477		账号	110003589052421536592
	开户银行	交通银行北京朝阳支行		开户银行	交通银行北京通州支行
金额	人民币（大写）	贰万元整		亿千百十万千百十元角分	￥2000000
票据种类	转账支票	票据张数	1		
票据号码	00023339				
	复核 记账				开户银行签章

交通银行北京朝阳支行 2022年03月23日 业务专用章

8.5×17.5公分 交9 角宜印制 0512-65011866

此联是开户银行交给持票人的回单

图 5-40 银行进账单

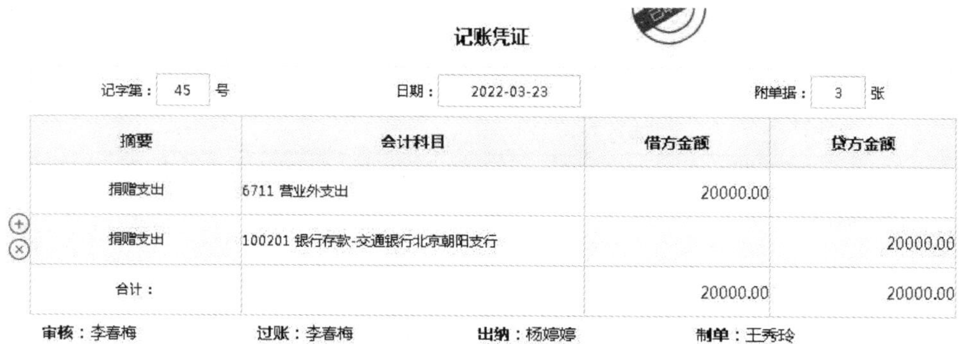

记账凭证

记字第：45 号 日期：2022-03-23 附单据：3 张

摘要	会计科目	借方金额	贷方金额
捐赠支出	6711 营业外支出	20000.00	
捐赠支出	100201 银行存款-交通银行北京朝阳支行		20000.00
合计：		20000.00	20000.00

审核：李春梅 过账：李春梅 出纳：杨婷婷 制单：王秀玲

图 5-41 记账凭证

知识解读：营业外支出的账务处理

企业应当设置“营业外支出”账户核算营业外支出的发生和结转情况。该账户属于损益类账户，借方登记企业确认的各项营业外支出，贷方登记期末转入“本年利润”账户的营业外支出，期末结转后该账户应无余额，该账户可按营业外支出项目设置明细账，进行明细核算。

1.确认非流动资产毁损报废损失

企业确认毁损报废非流动资产损失时，借记“营业外支出”账户，贷记“固定资产清理”“无形资产”等账户。

2.确认盘亏、罚款支出

企业确认盘亏、罚款支出计入营业外支出时，借记“营业外支出”账户，贷记“库存现金”“待处理财产损溢”等账户。

3.期末结转

期末，应将“营业外支出”账户余额转入“本年利润”账户，借记“本年利润”账户，贷记“营业外支出”账户。结转后“营业外支出”账户应无余额。

项目六　纳税申报与核算实训任务

知识目标、技能目标与素质目标

模块	知识目标	技能目标	素质目标
增值税及附加税的核算与申报	掌握增值税的基本法律，掌握增值税的发票管理规定	会办理增值税的纳税申报，会计算增值税的应纳税额，会核算增值税的相关业务	具备优秀的团队意识和协作精神，具备诚信纳税的法律意识和迎难而上的职业精神
所得税申报与核算	掌握企业所得税和个人所得税的基本法律	会办理企业所得税和个人所得税的纳税申报，会计算企业所得税和个人所得税的应纳税额，会核算企业所得税和个人所得税的相关业务	

本项目主要参考法规索引

1.国家税务总局公告2017年第54号《国家税务总局关于发布中华人民共和国企业所得税年度纳税申报表(A类，2017年版)的公告》(特别注意填表说明)。

2.依据国家税务总局公告2021年第34号《国家税务总局关于企业所得税年度汇算清缴有关事项的公告》、国家税务总局公告2020年第24号《国家税务总局关于修订企业所得税年度纳税申报表的公告》、国家税务总局公告2019年第41号《国家税务总局关于修订企业所得税年度纳税申报表有关问题的公告》。

3.国家税务总局公告2016年第13号《国家税务总局关于全面推开营业税改征增值税试点后增值税纳税申报有关事项的公告》(特别注意填表说明)。

4.国家税务总局公告2016年第23号《国家税务总局关于全面推开营业税改征增值税试点有关税收征收管理事项的公告》、国家税务总局公告2016年第27号《国家税务总局关于调整增值税纳税申报有关事项的公告》、国家税务总局公告2016年第75号《国家税务总局关于调整增值税一般纳税人留抵税额申报口径的公告》、国家税务总局公告2017年第53号《国家税务总局关于调整增值税纳税申报有关事项的公告》、国家税务总局公告2019年第15号《国家税务总局关于调整增值税纳税申报有关事项的公告》、国家税务总局公告2019年第20号《国家税务总局关于办理增值税期末留抵税额退税有关事项的公告》、国家税务总局公告2022年第4号《国家税务总局关于进一步加大增值税期末留抵退税政策实施力度有关征管事项的公告》。

5.《中华人民共和国个人所得税法》《中华人民共和国个人所得税法实施条例》《个人所得税专项附加扣除暂行办法》《个人所得税扣缴申报管理办法(试行)》《国务院关于设立3岁以下婴幼儿照护个人所得税专项附加扣除的通知》《财政部税务总局关于延续实施全年一次性奖金等个人所得税优惠政策的公告》。

模块一　增值税及附加税的申报与核算

任务1　增值税及附加税的核算

增值税是以商品(含应税劳务、应税行为)在流转过程中实现的增值额作为计税依据而征收的一种流转税。增值税的征税范围包括在我国境内销售货物、加工修理修配劳务、服务、无形资产和不动产以及进口货物的企业、单位和个人。

为了便于征管,我国将增值税纳税人按其经营规模大小及会计核算健全与否,划分为一般纳税人和小规模纳税人。一般纳税人是指年应税销售额超过财政部、国家税务总局规定标准的增值税纳税人。小规模纳税人是指年应税销售额未超过规定标准,并且会计核算不健全,不能够提供准确税务资料的增值税纳税人。一般纳税人大多采用一般计税法,小规模纳税人一般采取简易计税法。一般纳税人发生财政部和国家税务总局规定的特定应税销售行为,也可以选择简易计税方式计税,但是不得抵扣进项税额。

一般计税法是先按当期销售额和适用的税率计算出销项税额,然后以该销项税额对当期购进项目支付的税款(即进项税额)进行抵扣,间接算出当期的应纳税额。应纳税额的计算公式为:

应纳税额=当期销项税额-当期进项税额

当期销项税额小于当期进项税额不足抵扣时,其不足部分可以结转下期继续抵扣。纳税人根据相关规定计算出当期销项税额、当期进项税额、应纳税额。

简易计税法按照销售额和征收率计算应纳税额,不得抵扣进项税额。

应纳税额=销售额×征收率

其中,征收率为3%,国家另有规定的除外。

知识解读:一般纳税人的账务处理

增值税一般纳税人应当在“应交税费”科目下设置“应交增值税”“未交增值税”“预交增值税”“待抵扣进项税额”“待认证进项税额”“待转销项税额”“增值税留抵税额”“简易计税”“转让金融商品应交增值税”“代扣代交增值税”等明细科目,核算企业应交增值税的发生、抵扣、交纳、退税及转出等情况。对于以上9个明细科目的具体核算内容介绍如下：

(1)“应交增值税”明细科目，核算一般纳税人进项税额、销项税额抵减、已交税金、转出未交增值税、减免税款、出口抵减内销产品应纳税额、销项税额、出口退税、进项税额转出、转出多交增值税等情况。该明细账设置以下专栏：

①“进项税额”专栏，记录一般纳税人购进货物、加工修理修配劳务、服务、无形资产或不动产而支付或负担的、准予从当期销项税额中抵扣的增值税税额；

②“销项税额抵减”专栏，记录一般纳税人按照现行增值税制度规定因扣减销售额而减少的销项税额；

③“已交税金”专栏，记录一般纳税人当月已交纳的应交增值税税额；

④“转出未交增值税”和“转出多交增值税”专栏，分别记录一般纳税人月度终了转出当月应交未交或多交的增值税税额；

⑤“减免税款”专栏，记录一般纳税人按现行增值税制度规定准予减免的增值税税额；

⑥“出口抵减内销产品应纳税额”专栏，记录实行“免、抵、退”办法的一般纳税人按规定计算的出口货物的进项税额抵减内销产品的应纳税额；

⑦“销项税额”专栏，记录一般纳税人销售货物、加工修理修配劳务、服务、无形资产或不动产应收取的增值税税额；

⑧“出口退税”专栏，记录一般纳税人出口货物、加工修理修配劳务、服务、无形资产按规定退回的增值税税额；

⑨“进项税额转出”专栏，记录一般纳税人购进货物、加工修理修配劳务、服务、无形资产或不动产等发生非正常损失以及其他原因而不应从销项税额中抵扣、按规定转出的进项税额。

(2)“未交增值税”明细科目，核算一般纳税人月度终了从“应交增值税”或“预交增值税”明细科目转入当月应交未交、多交或预交的增值税税额，以及当月交纳以前期间未交的增值税税额。

(3)“预交增值税”明细科目，核算一般纳税人转让不动产、提供不动产经营租赁服务、提供建筑服务、采用预收款方式销售自行开发的房地产项目等，以及其他按现行增值税制度规定应预交的增值税税额。

(4)“待抵扣进项税额”明细科目，核算一般纳税人已取得增值税扣税凭证并经税务机关认证，按照现行增值税制度规定准予以后期间从销项税额中抵扣的进项税额。

(5)“待认证进项税额”明细科目，核算一般纳税人由于未经税务机关认证而不得从当期销项税额中抵扣的进项税额。包括：一般纳税人已取得增值税扣税凭证、按照现行增值税制度规定准予从销项税额中抵扣，但尚未经税务机关认证的进项税额；一般纳税人已申请稽核但尚未取得稽核相符结果的海关缴款书进项税额。

(6)“待转销项税额”明细科目，核算一般纳税人销售货物、加工修理修配劳务、服务、无形资产或不动产、已确认相关收入(或利得)但尚未发生增值税纳税义务而需于以后期间确认为销项税额的增值税税额。

(7)“简易计税”明细科目，核算一般纳税人采用简易计税方法发生的增值税计提、扣减、预缴、缴纳等业务。

(8)“转让金融商品应交增值税”明细科目，核算增值税纳税人转让金融商品发生的增值税税额。

(9)“代扣代交增值税”明细科目，核算纳税人购进在境内未设经营机构的境外单位或个人在境内的应税行为代扣代缴的增值税。

任务描述：增值税业务的核算

例：业务27：缴纳税费。15日，缴纳各项税费。原始凭证见图6-1、图6-2。

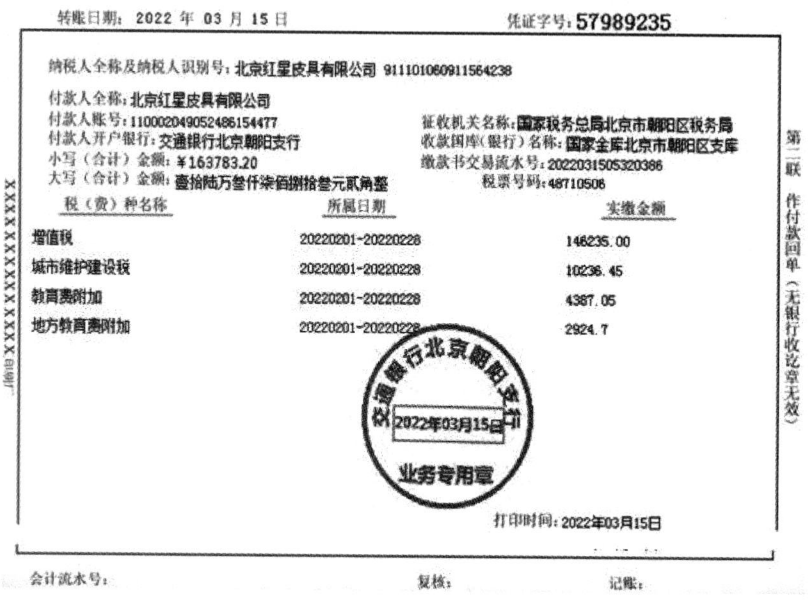

交通银行电子缴税付款凭证

转账日期：2022年03月15日 凭证字号：57989235

纳税人全称及纳税人识别号：北京红星皮具有限公司 911101060911564238

付款人全称：北京红星皮具有限公司
付款人账号：110002049052486154477 征收机关名称：国家税务总局北京市朝阳区税务局
付款人开户银行：交通银行北京朝阳支行 收款国库(银行)名称：国家金库北京市朝阳区支库
小写(合计)金额：¥163783.20 缴款书交易流水号：2022031505320386
大写(合计)金额：壹拾陆万叁仟柒佰捌拾叁元贰角整 税票号码：48710506

税(费)种名称	所属日期	实缴金额
增值税	20220201-20220228	146235.00
城市维护建设税	20220201-20220228	10236.45
教育费附加	20220201-20220228	4387.05
地方教育费附加	20220201-20220228	2924.7

交通银行北京朝阳支行 2022年03月15日 业务专用章

打印时间：2022年03月15日

会计流水号： 复核： 记账：

第二联 作付款回单（无银行收讫章无效）

图 6-1 缴税付款凭证 1

交通银行电子缴税付款凭证

转账日期：2022年03月15日 凭证字号：57989237

纳税人全称及纳税人识别号：北京红星皮具有限公司 911101060911564238

付款人全称：北京红星皮具有限公司
付款人账号：110002049052486154477 征收机关名称：国家税务总局北京市朝阳区税务局
付款人开户银行：交通银行北京朝阳支行 收款国库(银行)名称：国家金库北京市朝阳区支库
小写(合计)金额：¥3158.04 缴款书交易流水号：2022031505320388
大写(合计)金额：叁仟壹佰伍拾捌元零肆分 税票号码：48710508

税(费)种名称	所属日期	实缴金额
个人所得税	20220201-20220228	3158.04

交通银行北京朝阳支行 2022年03月15日 业务专用章

打印时间：2022年03月15日

会计流水号： 复核： 记账：

第二联 作付款回单（无银行收讫章无效）

图 6-2 缴税付款凭证 2

编制记账凭证见图 6-3。

记账凭证

记字第：27 号　　日期：2022-03-15　　附单据：2 张

摘要	会计科目	借方金额	贷方金额
缴纳税费	222102 应交税费-未交增值税	146235.00	
缴纳税费	222114 应交税费-应交城市维护建设税	10236.45	
缴纳税费	222115 应交税费-应交教育费附加	4387.05	
缴纳税费	222116 应交税费-应交地方教育费附加	2924.70	
缴纳税费	222120 应交税费-应交个人所得税	3158.04	
缴纳税费	100201 银行存款-交通银行北京朝阳支行		166941.24
合计：		166941.24	166941.24

审核：李春梅　　过账：李春梅　　出纳：杨婷婷　　制单：王秀玲

图 6-3　记账凭证

例：应交城市维护建设税与教育费附加计算表。31 日，编制本月应交城市维护建设税与教育费附加、地方教育附加计算表，见图 6-4。

应交城市维护建设税与教育费附加计算表

2022年03月31日　　金额单位：元

税种	计税依据	计税金额	税率	应纳税额
城市维护建设税	增值税	244837.91	7%	17138.65
教育费附加	增值税	244837.91	3%	7345.14
地方教育费附加	增值税	244837.91	2%	4896.76
合计				29380.55

审核：李春梅　　制单：王秀玲

图 6-4　应交城市维护建设税与教育费附加计算表

例：业务 67：计提城市维护建设税及教育费附加。31 日，承上笔任务，计提本月应交城市维护建设税与教育费附加、地方教育费附加。编制记账凭证见图 6-5。

记账凭证

记字第：67 号　　日期：2022-03-31　　附单据：1 张

摘要	会计科目	借方金额	贷方金额
计提城市维护建设税及附加税	640301 税金及附加-城市维护建设税	17138.65	
计提城市维护建设税及附加税	640302 税金及附加-教育费附加	7345.14	
计提城市维护建设税及附加税	640303 税金及附加-地方教育费附加	4896.76	
计提城市维护建设税及附加税	222114 应交税费-应交城市维护建设税		17138.65
计提城市维护建设税及附加税	222115 应交税费-应交教育费附加		7345.14
计提城市维护建设税及附加税	222116 应交税费-应交地方教育费附加		4896.76
合计：		29380.55	29380.55

审核：李春梅　　过账：李春梅　　出纳：　　制单：王秀玲

图 6-5　记账凭证

实训指导：交纳增值税及附加

企业交纳当月应交的增值税，借记“应交税费——应交增值税（已交税金）”科目，贷记“银行存款”科目；企业交纳以前期间未交的增值税，借记“应交税费——未交增值税”科目，贷记“银行存款”科目。

交纳增值税的单位和个人还要按规定计算交纳城市维护建设税和教育费附加。

城市维护建设税是以增值税和消费税为计税依据征收的一种税。纳税人以实际缴纳的增值税和消费税税额为计税依据，并与两项税费同时缴纳。税率因纳税人所在地不同从1%～7%不等。应纳税额的计算公式为：

应纳税额＝（实际交纳的增值税＋实际交纳的消费税）×适用税率

企业按规定计算出应交纳的城市维护建设税，借记“税金及附加”等科目，贷记“应交税费——应交城市维护建设税”科目。交纳城市维护建设税，借记“应交税费——应交城市维护建设税”科目，贷记“银行存款”科目。

教育费附加是指为了加快发展地方教育事业、扩大地方教育经费资金来源而向企业征收的附加费用。教育费附加以各单位实际交纳的增值税、消费税的税额为计征依据，按其一定比例分别与增值税、消费税同时缴纳。企业按规定计算出应交纳的教育费附加，借记“税金及附加”等科目，贷记“应交税费——应交教育费附加”科目。交纳教育费附加时，借记“应交税费——应交教育费附加”科目，贷记“银行存款”科目。

知识解读：转让金融商品应交增值税

根据财政部和国家税务总局“营改增”相关规定，对于企业发生的某些业务（金融商品转让、经纪代理服务、融资租赁和融资性售后回租业务、一般纳税人提供客运场站服务、试点纳税人提供旅游服务、选择简易计税方法提供建筑服务等)无法通过抵扣机制避免重复征税的,应采用差额征税方式计算交纳增值税。

企业转让金融商品,按照卖出价扣除买入价后的余额为销售额。转让金融商品出现的正负差,按盈亏相抵后的余额作为销售额。若相抵后出现负差,可结转下一纳税期与下期转让金融商品销售额相抵,但年末仍出现负差的,不得转入下一个会计年度。

金融商品转让,不得开具增值税专用发票。

月末,企业按实际转让金融商品的转让收益及应纳税额,分别借记"投资收益"等科目,贷记"应交税费——转让金融商品应交增值税"科目;如产生转让损失,则按可结转下月抵扣税额,借记"应交税费——转让金融商品应交增值税"科目,贷记"投资收益"等科目。交纳增值税时,应借记"应交税费——转让金融商品应交增值税"科目,贷记"银行存款"科目。年末,"应交税费——转让金融商品应交增值税"科目如有借方余额,则借记"投资收益"等科目,贷记"应交税费——转让金融商品应交增值税"科目。

例:业务 65:计提金融交易增值税。

计算应交增值税:交易性金融商品转让按照卖出价扣除买入价(不需要扣除已宣告未发放现金股利和已到付息期未领取的利息)后的余额作为销售额计算增值税,即转让金融商品按盈亏相抵后的余额为销售额。因为交易性金融资产的售价是含税的,所以需要转换为不含税的,再乘以适用税率 6%计算转让金融商品应交增值税,所以出售该交易性金融资产应交的增值税金额=(转让时售价－买入价)÷(1＋6%)×6%。

编制记账凭证见图 6-6。

记账凭证

记字第: 65 号　　日期: 2022-03-31　　附单据: 0 张

摘要	会计科目	借方金额	贷方金额
计提金融交易增值税	611102 投资收益-出售金融资产损益	5094.34	
计提金融交易增值税	222108 应交税费-转让金融商品应交增值税		5094.34
合计:		5094.34	5094.34

审核:李春梅　　过账:李春梅　　出纳:　　制单:王秀玲

图 6-6　记账凭证

实训指导:月末转出多交增值税和未交增值税

月度终了,企业应当将当月应交未交或多交的增值税自"应交增值税"明细科目转入"未交增值税"明细科目。对于当月应交未交的增值税,借记"应交税费——应交增值税(转出未交增值税)"科目,贷记"应交税费——未交增值税"科目;对于当月多交的增值税,借记"应交税费——未交增值税"科目,贷记"应交税费——应交增值税(转出多交增值税)"科目。

例:未交增值税计算表。31 日,编制未交增值税计算表,见图 6-7。

未交增值税计算表

2022年03月31日　　金额单位:元

项目	进项税额	销项税额	进项税额转出	本月未交增值税
增值税	252432.66	491995.27	180.96	239743.57
合　计	252432.66	491995.27	180.96	239743.57

审核:李春梅　　制单:王秀玲

图 6-7　未交增值税计算表

例:业务 66:转出未交增值税。31 日,承上笔任务,转出未交增值税。编制记账凭证见图 6-8。

记账凭证

记字第:66 号　　日期:2022-03-31　　附单据:1 张

摘要	会计科目	借方金额	贷方金额
转出未交增值税	22210104 应交税费-应交增值税-转出未交增值税	239743.57	
转出未交增值税	222102 应交税费-未交增值税		239743.57
合计:		239743.57	239743.57

审核:李春梅　　过账:李春梅　　出纳:　　制单:王秀玲

图 6-8　记账凭证

任务 2　增值税及附加税费的申报

增值税纳税人应当按时向主管税务机关申报纳税,申报时需填写增值税纳税申报表及附表。本次实训的业务 101,就是要完成增值税及附加的申报。下面将针对如何填列增值税及附加税费纳税申报表进行介绍。

知识解读:结合实训数据讲解申报表如何填列

(1)增值税一般纳税人销售货物或者提供应税劳务的应纳税额,应等于当期销项税额抵扣当期进项税额后的余额。其公式如下:

当期应纳税额=当期销项税额-当期进项税额

=当期销售额×适用税率-当期进项税额

在计算应纳税额时会出现当期销项税额小于当期进项税额不足抵扣的情况。根据税法规定,当期进项税额不足抵扣的部分可以结转下期继续抵扣。

实训指导:增值税纳税申报资料

1.一般纳税人纳税申报表及其附列资料

(1)增值税及附加税费申报表(一般纳税人适用)(见表 6-1);

(2)增值税及附加税费申报表附列资料(一)(本期销售情况明细)(见表 6-2);

(3)增值税及附加税费申报表附列资料(二)(本期进项税额明细)(见表 6-3);

(4)增值税及附加税费申报表附列资料(三)(服务、不动产和无形资产扣除项目明细)(见表 6-4),按照有关规定可以从取得的全部价款和价外费用中扣除价款的需填报,其他情况不填写;

(5)增值税及附加税费申报表附列资料(四)(税额抵减情况表)(见表 6-5);

(6)增值税及附加税费申报表附列资料(五)(附加税费情况表)(见表 6-6);

(7)《增值税减免税申报明细表》(见表 6-7)。

表 6-1　增值税及附加税费申报表
(一般纳税人适用)

根据国家税收法律法规及增值税相关规定制定本表。纳税人不论有无销售额,均应按税务机关核定的纳税期限填写本表,并向当地税务机关申报。

税款所属时间:自　年　月　日至　年　月　日　填表日期:　年　月　日　　金额单位:元(列至角分)

<table>
<tr><td colspan="5">纳税人识别号(统一社会信用代码):□□□□□□□□□□□□□□□□□□□□</td><td colspan="2">所属行业:</td></tr>
<tr><td colspan="2">纳税人名称:</td><td>法定代表人姓名</td><td></td><td>注册地址</td><td>生产经营地址</td><td></td></tr>
<tr><td>开户银行及账号</td><td></td><td colspan="2">登记注册类型</td><td></td><td>电话号码</td><td></td></tr>
<tr><td colspan="2" rowspan="2">项目</td><td rowspan="2">栏次</td><td colspan="2">一般项目</td><td colspan="2">即征即退项目</td></tr>
<tr><td>本月数</td><td>本年累计</td><td>本月数</td><td>本年累计</td></tr>
<tr><td rowspan="10">销售额</td><td>(一)按适用税率计税销售额</td><td>1</td><td></td><td></td><td></td><td></td></tr>
<tr><td>其中:应税货物销售额</td><td>2</td><td></td><td></td><td></td><td></td></tr>
<tr><td>应税劳务销售额</td><td>3</td><td></td><td></td><td></td><td></td></tr>
<tr><td>纳税检查调整的销售额</td><td>4</td><td></td><td></td><td></td><td></td></tr>
<tr><td>(二)按简易办法计税销售额</td><td>5</td><td></td><td></td><td></td><td></td></tr>
<tr><td>其中:纳税检查调整的销售额</td><td>6</td><td></td><td></td><td></td><td></td></tr>
<tr><td>(三)免、抵、退办法出口销售额</td><td>7</td><td></td><td></td><td>——</td><td>——</td></tr>
<tr><td>(四)免税销售额</td><td>8</td><td></td><td></td><td>——</td><td>——</td></tr>
<tr><td>其中:免税货物销售额</td><td>9</td><td></td><td></td><td>——</td><td>——</td></tr>
<tr><td>免税劳务销售额</td><td>10</td><td></td><td></td><td>——</td><td>——</td></tr>
</table>

续表

项目		栏次	一般项目		即征即退项目	
			本月数	本年累计	本月数	本年累计
税款计算	销项税额	11				
	进项税额	12				
	上期留抵税额	13				——
	进项税额转出	14				
	免、抵、退应退税额	15			——	——
	按适用税率计算的纳税检查应补缴税额	16			——	——
	应抵扣税额合计	17＝12＋13－14－15＋16		——		——
	实际抵扣税额	18(如 17＜11,则为17,否则为 11)				
	应纳税额	19＝11－18				
	期末留抵税额	20＝17－18				——
	简易计税办法计算的应纳税额	21				
	按简易计税办法计算的纳税检查应补缴税额	22			——	——
	应纳税额减征额	23				
	应纳税额合计	24＝19＋21－23				
税款缴纳	期初未缴税额(多缴为负数)	25				
	实收出口开具专用缴款书退税额	26			——	——
	本期已缴税额	27＝28＋29＋30＋31				
	①分次预缴税额	28		——		——
	②出口开具专用缴款书预缴税额	29		——	——	——
	③本期缴纳上期应纳税额	30				
	④本期缴纳欠缴税额	31				
	期末未缴税额(多缴为负数)	32＝24＋25＋26－27				
	其中:欠缴税额(≥0)	33＝25＋26－27		——		——
	本期应补(退)税额	34＝24－28－29		——		——
	即征即退实际退税额	35	——	——		
	期初未缴查补税额	36			——	——
	本期入库查补税额	37			——	——
	期末未缴查补税额	38＝16＋22＋36－37			——	——
附加税费	城市维护建设税本期应补(退)税额	39			——	——
	教育费附加本期应补(退)费额	40			——	——
	地方教育附加本期应补(退)费额	41			——	——

声明:此表是根据国家税收法律法规及相关规定填写的,本人(单位)对填报内容(及附带资料)的真实性、可靠性、完整性负责。

纳税人(签章): 年 月 日

经办人: 经办人身份证号: 代理机构签章: 代理机构统一社会信用代码:	受理人: 受理税务机关(章): 受理日期: 年 月 日

表 6-2　增值税及附加税费申报表附列资料(一)

(本期销售情况明细)

税款所属时间：　　年　月　日至　　年　月　日

纳税人名称:(公章)　　　　金额单位:元(列至角分)

项目及栏次				开具增值税专用发票		开具其他发票		未开具发票		纳税检查调整		合计			服务、不动产和无形资产扣除项目本期实际扣除金额	扣除后	
				销售额	销项(应纳)税额	销售额	销项(应纳)税额	销售额	销项(应纳)税额	销售额	销项(应纳)税额	销售额	销项(应纳)税额	价税合计		含税(免税)销售额	销项(应纳)税额
				1	2	3	4	5	6	7	8	9=1+3+5+7	10=2+4+6+8	11=9+10	12	13=11−12	14=13÷(100%+税率或征收率)×税率或征收率
一、一般计税方法计税	全部征税项目	13%税率的货物及加工修理修配劳务	1											—	—	—	—
		13%税率的服务、不动产和无形资产	2														
		9%税率的货物及加工修理修配劳务	3											—	—	—	—
		9%税率的服务、不动产和无形资产	4														
		6%税率	5														
	其中：即征即退项目	即征即退货物及加工修理修配劳务	6	—	—	—	—	—	—	—	—			—	—	—	—
		即征即退服务、不动产和无形资产	7	—	—	—	—	—	—	—	—						

续表

项目及栏次				开具增值税专用发票		开具其他发票		未开具发票		纳税检查调整		合计			服务、不动产和无形资产扣除项目本期实际扣除金额	扣除后	
				销售额	销项（应纳）税额	销售额	销项（应纳）税额	销售额	销项（应纳）税额	销售额	销项（应纳）税额	销售额	销项（应纳）税额	价税合计		含税（免税）销售额	销项（应纳）税额
				1	2	3	4	5	6	7	8	9=1+3+5+7	10=2+4+6+8	11=9+10	12	13=11−12	14=13÷(100%+税率或征收率)×税率或征收率
二、简易计税方法计税	全部征税项目	6%征收率	8							—	—			—	—	—	—
		5%征收率的货物及加工修理修配劳务	9a							—	—			—	—	—	—
		5%征收率的服务、不动产和无形资产	9b							—	—						
		4%征收率	10							—	—			—	—	—	—
		3%征收率的货物及加工修理修配劳务	11							—	—			—	—	—	—
		3%征收率的服务、不动产和无形资产	12							—	—						
		预征率　%	13a							—	—						
		预征率　%	13b							—	—						
		预征率　%	13c							—	—						
	其中：即征即退项目	即征即退货物及加工修理修配劳务	14	—	—	—	—	—	—	—	—			—	—	—	—
		即征即退服务、不动产和无形资产	15	—	—	—	—	—	—	—	—						

续表

项目及栏次			开具增值税专用发票		开具其他发票		未开具发票		纳税检查调整		合计			服务、不动产和无形资产扣除项目本期实际扣除金额	扣除后	
			销售额	销项（应纳）税额	销售额	销项（应纳）税额	销售额	销项（应纳）税额	销售额	销项（应纳）税额	销售额	销项（应纳）税额	价税合计		含税（免税）销售额	销项（应纳）税额
			1	2	3	4	5	6	7	8	9=1+3+5+7	10=2+4+6+8	11=9+10	12	13=11−12	14=13÷(100%+税率或征收率)×税率或征收率
三、免抵退税	货物及加工修理修配劳务	16	—	—		—		—	—	—		—	—	—	—	—
	服务、不动产和无形资产	17	—	—		—		—	—	—		—				—
四、免税	货物及加工修理修配劳务	18				—		—	—	—		—	—	—	—	—
	服务、不动产和无形资产	19	—	—		—		—	—	—		—				—

表 6-3　增值税及附加税费申报表附列资料(二)

(本期进项税额明细)

税款所属时间:年　月　日至　年　月　日

纳税人名称:(公章)　　　　　　　　金额单位:元(列至角分)

一、申报抵扣的进项税额				
项目	栏次	份数	金额	税额
(一)认证相符的增值税专用发票	1=2+3			
其中:本期认证相符且本期申报抵扣	2			
前期认证相符且本期申报抵扣	3			
(二)其他扣税凭证	4=5+6+7+8a+8b			
其中:海关进口增值税专用缴款书	5			
农产品收购发票或者销售发票	6			
代扣代缴税收缴款凭证	7		——	
加计扣除农产品进项税额	8a	——	——	
其他	8b			
(三)本期用于购建不动产的扣税凭证	9			
(四)本期用于抵扣的旅客运输服务扣税凭证	10			
(五)外贸企业进项税额抵扣证明	11	——	——	
当期申报抵扣进项税额合计	12=1+4+11			

二、进项税额转出额		
项目	栏次	税额
本期进项税额转出额	13=14 至 23 之和	
其中:免税项目用	14	
集体福利、个人消费	15	
非正常损失	16	
简易计税方法征税项目用	17	
免抵退税办法不得抵扣的进项税额	18	
纳税检查调减进项税额	19	
红字专用发票信息表注明的进项税额	20	
上期留抵税额抵减欠税	21	
项目	栏次	税额
上期留抵税额退税	22	

续表

异常凭证转出进项税额	23a			
其他应作进项税额转出的情形	23b			
三、待抵扣进项税额				
项目	栏次	份数	金额	税额
(一)认证相符的增值税专用发票	24	——	——	——
期初已认证相符但未申报抵扣	25			
本期认证相符且本期未申报抵扣	26			
期末已认证相符但未申报抵扣	27			
其中:按照税法规定不允许抵扣	28			
(二)其他扣税凭证	29=30 至 33 之和			
其中:海关进口增值税专用缴款书	30			
农产品收购发票或者销售发票	31			
代扣代缴税收缴款凭证	32		——	
其他	33			
	34			
四、其他				
项目	栏次	份数	金额	税额
本期认证相符的增值税专用发票	35			
代扣代缴税额	36	——	——	

表 6-4　增值税及附加税费申报表附列资料(三)

(服务、不动产和无形资产扣除项目明细)

税款所属时间：　年　月　日至　年　月　日

纳税人名称：(公章)　　　　　　　　　　金额单位：元(列至角分)

项目及栏次		本期服务、不动产和无形资产价税合计额(免税销售额)	服务、不动产和无形资产扣除项目				
			期初余额	本期发生额	本期应扣除金额	本期实际扣除金额	期末余额
		1	2	3	4=2+3	5(5≤1 且 5≤4)	6=4-5
13%税率的项目	1						
9%税率的项目	2						
6%税率的项目(不含金融商品转让)	3						
6%税率的金融商品转让项目	4						
5%征收率的项目	5						
3%征收率的项目	6						
免抵退税的项目	7						
免税的项目	8						

表 6-5　增值税及附加税费申报表附列资料(四)

(税额抵减情况表)

税款所属时间：　年　月　日至　年　月　日

纳税人名称:(公章)　　　　　　　　　　　　金额单位:元(列至角分)

一、税额抵减情况						
序号	抵减项目	期初余额	本期发生额	本期应抵减税额	本期实际抵减税额	期末余额
		1	2	3=1+2	4≤3	5=3-4
1	增值税税控系统专用设备费及技术维护费					
2	分支机构预征缴纳税款					
3	建筑服务预征缴纳税款					
4	销售不动产预征缴纳税款					
5	出租不动产预征缴纳税款					

二、加计抵减情况							
序号	加计抵减项目	期初余额	本期发生额	本期调减额	本期可抵减额	本期实际抵减额	期末余额
		1	2	3	4=1+2-3	5	6=4-5
6	一般项目加计抵减额计算						
7	即征即退项目加计抵减额计算						
8	合计						

表 6-6　增值税及附加税费申报表附列资料(五)
(附加税费情况表)

税(费)款所属时间：　年　月　日至　年　月　日

纳税人名称:(公章)　　　　　　　　　　　　金额单位:元(列至角分)

税(费)种		计税(费)依据			税(费)率(%)	本期应纳税(费)额	本期减免税(费)额		试点建设培育产教融合型企业		本期已缴税(费)额	本期应补(退)税(费)额
		增值税税额	增值税免抵税额	留抵退税本期扣除额			减免性质代码	减免税(费)额	减免性质代码	本期抵免金额		
		1	2	3	4	5=(1+2−3)×4	6	7	8	9	10	11=5−7−9−10
城市维护建设税	1								——	——		
教育费附加	2											
地方教育附加	3											
合计	4	——	——	——	——		——		——			

本期是否适用试点建设培育产教融合型企业抵免政策	□是 □否	当期新增投资额	5	
		上期留抵可抵免金额	6	
		结转下期可抵免金额	7	
可用于扣除的增值税留抵退税额使用情况		当期新增可用于扣除的留抵退税额	8	
		上期结存可用于扣除的留抵退税额	9	
		结转下期可用于扣除的留抵退税额	10	

表 6-7　增值税减免税申报明细表

税款所属时间：自　年　月　日至　年　月　日

纳税人名称(公章)：　　　　　　　　　　　　金额单位：元(列至角分)

<table>
<tr><td colspan="7">一、减税项目</td></tr>
<tr><td rowspan="2">减税性质代码及名称</td><td rowspan="2">栏次</td><td>期初余额</td><td>本期发生额</td><td>本期应抵减税额</td><td>本期实际抵减税额</td><td>期末余额</td></tr>
<tr><td>1</td><td>2</td><td>3=1+2</td><td>4≤3</td><td>5=3-4</td></tr>
<tr><td>合计</td><td>1</td><td></td><td></td><td></td><td></td><td></td></tr>
<tr><td></td><td>2</td><td></td><td></td><td></td><td></td><td></td></tr>
<tr><td></td><td>3</td><td></td><td></td><td></td><td></td><td></td></tr>
<tr><td rowspan="2">减税性质代码及名称</td><td rowspan="2">栏次</td><td>期初余额</td><td>本期发生额</td><td>本期应抵减税额</td><td>本期实际抵减税额</td><td>期末余额</td></tr>
<tr><td>1</td><td>2</td><td>3=1+2</td><td>4≤3</td><td>5=3-4</td></tr>
<tr><td></td><td>4</td><td></td><td></td><td></td><td></td><td></td></tr>
<tr><td></td><td>5</td><td></td><td></td><td></td><td></td><td></td></tr>
<tr><td></td><td>6</td><td></td><td></td><td></td><td></td><td></td></tr>
<tr><td colspan="7">二、免税项目</td></tr>
<tr><td rowspan="2">免税性质代码及名称</td><td rowspan="2">栏次</td><td>免征增值税项目销售额</td><td>免税销售额扣除项目本期实际扣除金额</td><td>扣除后免税销售额</td><td>免税销售额对应的进项税额</td><td>免税额</td></tr>
<tr><td>1</td><td>2</td><td>3=1-2</td><td>4</td><td>5</td></tr>
<tr><td>合　计</td><td>7</td><td></td><td></td><td></td><td></td><td></td></tr>
<tr><td>出口免税</td><td>8</td><td></td><td>——</td><td>——</td><td>——</td><td></td></tr>
<tr><td>其中：跨境服务</td><td>9</td><td></td><td>——</td><td>——</td><td>——</td><td></td></tr>
<tr><td></td><td>10</td><td></td><td></td><td></td><td>——</td><td></td></tr>
<tr><td></td><td>11</td><td></td><td></td><td></td><td>——</td><td></td></tr>
<tr><td></td><td>12</td><td></td><td></td><td></td><td>——</td><td></td></tr>
<tr><td></td><td>13</td><td></td><td></td><td></td><td>——</td><td></td></tr>
<tr><td></td><td>14</td><td></td><td></td><td></td><td>——</td><td></td></tr>
<tr><td></td><td>15</td><td></td><td></td><td></td><td>——</td><td></td></tr>
<tr><td></td><td>16</td><td></td><td></td><td></td><td>——</td><td></td></tr>
</table>

2.小规模纳税人纳税申报表及其附列资料

(1)《增值税纳税申报表(小规模纳税人适用)》;

(2)《增值税纳税申报表(小规模纳税人适用)附列资料》,按照有关规定可以从取得的全部价款和价外费用中扣除价款的需填报,其他情况不填写;

(3)《增值税减免税申报明细表》。

3.纳税申报其他资料

(1)已开具的税控机动车销售统一发票和普通发票存根联;

(2)符合抵扣条件且在本期申报抵扣的增值税专用发票(含税控机动车销售统一发票)的抵扣联;

(3)符合抵扣条件且在本期申报抵扣的海关进口增值税专用缴款书、购进农产品取得的普通发票的复印件;

(4)符合抵扣条件且在本期申报抵扣的税收完税凭证及其清单,书面合同、付款证明和境外单位的对账单或发票;

(5)已开具的农产品收购凭证的存根联或报查联;

(6)纳税人销售服务、不动产和无形资产,在确定服务、不动产和无形资产销售额时,按照有关规定从取得的全部价款和价外费用中扣除价款的合法凭证及其清单;

(7)主管税务机关规定的其他资料。

易错点解析

在填报一般纳税人增值税及附加税费申报表及其附列资料时,应注意根据《增值税纳税申报表及其附列资料的填写说明》填制申报表及附列资料。

在实务中,按照“先附列资料,后纳税申报表”的顺序填制增值税及附加税费申报表及其附列资料,建议按照以下基本顺序填制增值税纳税申报表及其附列资料:

(1)填写“增值税纳税申报表附列资料(一)”第 1 至 11 列;

(2)填写“增值税减免申报明细表”;

(3)填写“增值税纳税申报表附列资料(三)”;

(4)填写“增值税纳税申报表附列资料(一)”第 12 列;

(5)填写“增值税纳税申报表附列资料(二)”;

(6)填写“增值税纳税申报表(一般纳税人适用)”;

(7)填写“增值税纳税申报表附列资料(四)”;

(8)填写“增值税纳税申报表附列资料(五)”。

4.申报主表填报说明

(1)主表中“(一)按适用税率计税销售额”:填写纳税人本期按一般计税方法计算缴纳增值税的销售额,包含:在财务上不作销售但按税法规定应缴纳增值税的视同销售和价外费用的销售额;外贸企业作价销售进料加工复出口货物的销售额;税务、财政、审计部门检查后按一般计税方法计算调整的销售额。“一般项目”列“本月数”=表 6-2 第 9 列第 1 至 5 行之和—第 9 列第 6、7 行之和。

(2)第 2 栏“其中:应税货物销售额”:填写纳税人本期按适用税率计算增值税的应税

货物的销售额。包含在财务上不作销售但按税法规定应缴纳增值税的视同销售货物和价外费用销售额,以及外贸企业作价销售进料加工复出口货物的销售额。

第 3 栏“应税劳务销售额”:填写纳税人本期按适用税率计算增值税的应税劳务的销售额。

第 4 栏“纳税检查调整的销售额”:填写纳税人因税务、财政、审计部门检查,并按一般计税方法在本期计算调整的销售额。但享受增值税即征即退政策的货物、劳务和服务、不动产、无形资产,经纳税检查属于偷税的,不填入“即征即退项目”列,而应填入“一般项目”列。

第 5 栏“按简易办法计税销售额”:填写纳税人本期按简易计税方法计算增值税的销售额。包含纳税检查调整按简易计税方法计算增值税的销售额。营业税改征增值税的纳税人,服务、不动产和无形资产有扣除项目的,本栏应填写扣除之前的不含税销售额;服务、不动产和无形资产按规定汇总计算缴纳增值税的分支机构,其当期按预征率计算缴纳增值税的销售额也填入本栏。

第 8 栏“免税销售额”:填写纳税人本期按照税法规定免征增值税的销售额和适用零税率的销售额,但零税率的销售额中不包括适用免、抵、退税办法的销售额。营业税改征增值税的纳税人,服务、不动产和无形资产有扣除项目的,本栏应填写扣除之前的免税销售额。

第 11 栏“销项税额”:填写纳税人本期按一般计税方法计税的货物、劳务和服务、不动产、无形资产的销项税额。注意:申报主表中“销项税额本月数”并不等于销售额乘以适用税率,而应该等于表 6-3(第 10 列第 1、3 行之和—第 10 列第 6 行)+(第 14 列第 2、4、5 行之和—第 14 列第 7 行)。

第 12 栏“进项税额”:填写纳税人本期申报抵扣的进项税额。

第 13 栏“上期留抵税额”:“本月数”按上一税款所属期申报表第 20 栏“期末留抵税额”“本月数”填写。

第 14 栏“进项税额转出”:填写纳税人已经抵扣,但按税法规定本期应转出的进项税额。“本月数”+“即征即退项目”列“本月数”=表 6-4 第 13 栏“税额”。

应抵扣额、实际抵扣额、应按税额应按照表中的计算公式计算填写,请注意:适用加计抵减政策的纳税人,按以下公式填写:

应纳税额=第 11 栏“销项税额”-第 18 栏“实际抵扣税额”-“实际抵减额”;

适用加计抵减政策的纳税人是指,按照规定计提加计抵减额,并可从本期适用一般计税方法计算的应纳税额中抵减的纳税人(下同)。“实际抵减额”是指按照规定可从本期适用一般计税方法计算的应纳税额中抵减的加计抵减额,分别对应表 6-5 第 6 行“一般项目加计抵减额计算”、第 7 行“即征即退项目加计抵减额计算”的“本期实际抵减额”列。

第 23 栏“应纳税额减征额”:填写纳税人本期按照税法规定减征的增值税应纳税额。包含按照规定可在增值税应纳税额中全额抵减的增值税税控系统专用设备费用以及技术维护费。

当本期减征额小于或等于第 19 栏“应纳税额”与第 21 栏“简易计税办法计算的应纳税额”之和时,按本期减征额实际填写;当本期减征额大于第 19 栏“应纳税额”与第 21 栏“简易计税办法计算的应纳税额”之和时,按本期第 19 栏与第 21 栏之和填写。本期减征额不足抵减部分结转下期继续抵减。

知识解读:财产行为税类纳税申报

财产和行为税合并申报的税种范围包括城镇土地使用税、房产税、车船税、印花税、耕地占用税、资源税、土地增值税、契税、环境保护税、烟叶税等10个税种。

根据《国家税务总局关于简并税费申报有关事项的公告》(国家税务总局公告2021年9号),2021年6月1日起,在全国实行财产和行为税合并申报。纳税人申报缴纳城镇土地使用税、房产税、车船税、印花税、耕地占用税、资源税、土地增值税、契税、环境保护税、烟叶税中一个或多个税种时,使用"财产和行为税纳税申报表",不再使用原先的单税种申报表。

模块二　所得税申报与核算

任务1　个人所得税代扣代缴申报与核算

个人所得税是以个人(自然人,包括个体工商户、个人独资企业及合伙企业的投资人)取得的各类应税所得为征税对象而征税的一种所得税。其中,将居民个人的工资、薪金所得、劳务报酬所得、稿酬所得、特许权使用费所得合并为综合所得,综合所得按年计算个人所得税。年度中间支付单位作为扣缴义务人对居民个人工资、薪金所得,劳务报酬所得,稿酬所得和特许权使用费所得预扣预缴个人所得税。

知识解读:工资薪金所得计算

工资、薪金所得,是指个人因任职或者受雇取得的工资、薪金、奖金、年终加薪、劳动分红、津贴、补贴以及与任职或者受雇有关的其他所得。

自2019年1月1日起,扣缴义务人向居民个人支付工资、薪金所得时,应当按照累计预扣法计算预扣税款,并按月办理扣缴申报。

累计预扣预缴应纳税所得额=累计收入-累计免税收入-累计减除费用-累计专项扣除-累计专项附加扣除-累计依法确定的其他扣除

本期应预扣预缴税额=(累计预扣预缴应纳税所得额×预扣率-速算扣除数)-累计减免税额-累计已预扣预缴税额

减除费用:对纳税人在2018年10月1日(含)后实际取得的工资、薪金所得,减除费用统一按照5000元/月执行。每一纳税年度的减除费用为6万元。

专项扣除包括居民个人按照国家规定的范围和标准缴纳的基本养老保险、基本医疗保险、失业保险等社会保险费和住房公积金等。

专项附加扣除包括子女教育、继续教育、大病医疗、住房贷款利息或者住房租金、赡养老人等支出。

依法确定的其他扣除包括个人缴付符合国家规定的企业年金、职业年金,个人购买符合国家规定的商业健康保险、税收递延型商业养老保险的支出，以及国务院规定可以扣除的其他项目。

例：任务 63：31 日，编制个人所得税计算表（假设均不存在专项附加扣除项目）。原始凭证如图 6-9 所示。

任务 64：31 日，承上笔任务，计提个人所得税。

个人所得税计算表

2022年3月31日　　　　金额单位：元

姓名	应付工资	三险一金	本月应纳税所得额	1-2月应纳税所得额	累计应纳税额	累计已缴税额	应补/退税额
邓伟丰	18000	2667		20252.68		607.58	
李春梅	16000	2001		17638.04		529.14	
曾淡雅	15000	2001		15678.04		470.34	
汤忠清	13500	1668		13390.72		401.72	
魏小晴	11500	1335		10123.4		303.7	
郑拓	10000	1557		6748.28		202.45	
李兴萍	8800	1224		5048.96		151.47	
徐浩	8760	1224		4970.56		149.12	
张清	6998	1224		1517.04		45.51	
……	……	……	……	……	……	4591.27	2057.36
合　计	……	……	……	……	……	7452.3	
备注：公司其他职工本月无应交个人所得税							

图 6-9　个人所得税计算表

例：业务 51：计提个人所得税。31 日，承上笔任务，计提个人所得税。编制记账凭证如图 6-10 所示。

记账凭证

记字第：51 号　　日期：2022-03-31　　附单据：1 张

摘要	会计科目	借方金额	贷方金额
计提个人所得税	22110101 应付职工薪酬-短期薪酬-工资	3517.07	
计提个人所得税	222120 应交税费-应交个人所得税		3517.07
合计：		3517.07	3517.07

审核：李春梅　　过账：李春梅　　出纳：　　制单：王秀玲

图 6-10　记账凭证

实训指导：专项扣除

个税专项附加扣除（全称：个人所得税专项附加扣除），是指个人所得税法规定的子女教育、继续教育、大病医疗、住房贷款利息、住房租金和赡养老人等六项专项附加扣除。

1.子女教育

纳税人的子女(包括年满3岁至小学入学前处于学前教育阶段的子女)接受全日制学历教育的相关支出,按照每个子女每月1000元的标准定额扣除。学历教育包括义务教育(小学、初中教育)、高中阶段教育(普通高中、中等职业、技工教育)、高等教育(大学专科、大学本科、硕士研究生、博士研究生教育)。

父母可以选择由其中一方按扣除标准的100%扣除,也可以选择由双方分别按扣除标准的50%扣除,具体扣除方式在一个纳税年度内不能变更。

2.赡养老人

纳税人赡养一位及以上被赡养人的赡养支出,统一按照以下标准定额扣除:

(1)纳税人为独生子女的,按照每月2000元的标准定额扣除;

(2)纳税人为非独生子女的,由其与兄弟姐妹分摊每月2000元的扣除额度,每人分摊的额度不能超过每月1000元。可以由赡养人均摊或者约定分摊,也可以由被赡养人指定分摊。约定或者指定分摊的须签订书面分摊协议,指定分摊优先于约定分摊。具体分摊方式和额度在一个纳税年度内不能变更。

所称被赡养人是指年满60岁的父母,以及子女均已去世的年满60岁的祖父母、外祖父母。

3.住房租金

纳税人在主要工作城市没有自有住房而发生的住房租金支出,可以按照以下标准定额扣除(住房租金支出由签订租赁住房合同的承租人扣除):

直辖市、省会(首府)城市、计划单列市以及国务院确定的其他城市,扣除标准为每月1500元。除第一项所列城市外,市辖区户籍人口超过100万的城市,扣除标准为每月1100元;市辖区户籍人口不超过100万(含)的城市,扣除标准为每月800元。

4.劳务报酬所得

劳务报酬所得每次收入不超过4000元的,定额减除800元;每次收入在4000元以上的,定率减除20%,其余为应纳税所得额。一般为20%的比例税率。

5.稿酬所得

稿酬所得每次收入不超过4000元的,定额减除800元;每次收入在4000元以上的,定率减除20%。适用20%的比例税率,并按规定对应纳税额减征30%。

任务2　企业所得税预缴申报及汇算清缴填制

知识解读

企业所得税按年计征,分月或者分季度预缴,年终汇算清缴,多退少补。按月或按季预缴的,应当月份或者季度终了之日起15日内,向税务机关报送预缴企业所得税纳税申报表,预缴税款。企业在纳税年度内无论盈利或者亏损,都应当依照《企业所得税法》第54条规定期限,向税务机关报送预缴企业所得税纳税申报表、年度企业所得税纳税申报表、财务会计报告和税务机关规定应当报送的其他有关资料。

企业所得税税前扣除项目及标准如下：

(1)企业发生的合理工资、薪金支出准予据实扣除。

①企业制定了较为规范的员工工资、薪金制度；

②企业所制订的工资、薪金制度符合行业及地区水平；

③企业在一定时期所发放的工资、薪金是相对固定的，工资、薪金的调整是有序进行的；

④企业对实际发放的工资、薪金，已依法履行了代扣代缴个人所得税义务；

⑤有关工资、薪金安排，不以减少或逃避税款为目的。

企业在年度汇算清缴结束前向员工实际支付的已预提汇缴年度工资薪金的，准予在汇缴年度按规定扣除。

(2)职工福利费支出，不超过工资薪金总额14%的部分准予扣除。

职工福利费具体包括以下内容：

①职工因公外地就医费用、暂未实行医疗统筹的企业职工医疗费用、职工供养直系亲属医疗补贴、职工疗养费用、自办职工食堂经费补贴或未办职工食堂统一供应午餐支出、符合国家有关财务规定的供暖费补贴、防暑降温费等。

②职工食堂、职工浴室、理发室、医务所、托儿所、疗养院、集体宿舍等集体福利部门设备、设施的折旧、维修保养费用以及集体福利部门工作人员的工资薪金、社会保险费、住房公积金、劳务费等人工费用。

③职工困难补助，或企业统筹建立和管理的专门用于帮助、救济困难职工的基金支出。

④丧葬补助费、抚恤费、职工异地安家费、独生子女费、探亲假路费，以及符合企业职工福利费定义但没有包括在上述各条款项目中的其他支出。

(3)拨缴的工会经费，不超过工资薪金总额2%的部分准予扣除。需由工会组织开具“工会经费收入专用收据”，委托税务机关代收工会经费的，可凭合法、有效的工会经费代收凭据依法在税前扣除。

(4)职工教育经费支出，自2018年1月1日起，不超过工资薪金总额8%的部分，准予在计算企业所得税应纳税所得额时扣除；超过部分，准予在以后纳税年度结转扣除。

(5)非金融企业向金融企业借款的利息支出、金融企业的各项存款利息支出和同业拆借利息支出、企业经批准发行债券的利息支出可据实扣除。

非金融企业向非金融企业借款的利息支出。

①不超过按照金融企业同期同类贷款利率计算的数额的部分可据实扣除，超过部分不许扣除。

②企业在按照合同要求首次支付利息并进行税前扣除时，应提供“金融企业的同期同类贷款利率情况说明”，以证明其利息支出的合理性。

企业发生的业务招待费按照实际发生额的60%扣除，但不得超过当年销售(营业)收入的5‰。

企业发生的广告费和业务宣传费，除国务院财政、税务主管部门另有规定外，不超过当年销售(营业)收入15%的部分,准予扣除;超过部分,准予结转以后纳税年度扣除。

企业通过公益性社会组织或者县级(含县级)以上人民政府及其组成部门和直属机构,用于慈善活动、公益事业的捐赠支出,在年度利润总额12%以内的部分,准予在计算应纳税所得额时扣除;超过年度利润总额12%的部分,准予结转以后三年内在计算应纳税所得额时扣除。

实训指导

居民企业当年度企业所得税纳税申报填报顺序见表6-8。

表6-8 居民企业当年度企业所得税纳税申报顺序

步骤	项目	计算说明
第一步	利润总额	数据来源为:企业年度利润表
	减:境外所得	境外所得单独计算抵免,由境外所得抵免明细表计算得出,先从利润总额中剔除,如为负数,则体现为负数。
	加:纳税调整增加额	数据来源为:纳税调整明细表调增金额合计,一般为正数。
	减:纳税调整减少额	数据来源为:纳税调整明细表调减金额合计,一般为正数。
	减:免税、减计收入及加计扣除	收入基数的免税,以及加计扣除的增加扣除部分,单独列示。
	加:境外应税所得抵减境内亏损	用境外应税所得来抵减境内亏损的金额,为下一步弥补亏损准备。
第二步	纳税调整后所得	本行为计算行次,反映纳税调整结果。
	减:所得减免	项目有所得的事项,在本行扣除。
	减:弥补以前年度亏损	追溯可在税前弥补的以前年度亏损数额。
	减:抵扣应纳税所得额	对于特定投资的事项,折合金额抵减应纳税所得额。
第三步	应纳税所得额	本行为计算行次,反映当年的应纳所得额。
	税率(25%)	本行为固定税率,享受优惠税率须在税收优惠的申报表中进行减免处理。
	应纳所得税额	本行为计算行次,为应纳税所得额×25%的结果。
	减:减免所得税额	如为高新税率15%,本行扣除10%的计税部分。如为小微税率20%,本行扣除5%的计税部分。
	减:抵免所得税额	如:特定设备投资额按10%抵免所得税的扣除。
第五步	应纳税额	本行为计算行次,反映当年的应纳税额。
	加:境外所得应纳所得税额	境外所得按纳税调整的结果单独计算税额。
	减:境外所得抵免所得税额	境外缴纳税款,按规定在中国可以抵免的部分。
第六步	实际应纳所得税额	本行为计算行次,反映当年实际应纳税额。
	减:本年累计实际已预缴的所得税额	按当年预缴税款金额填写,但要关注不能扣除的情况,如:异地施工未按规定多征的部分。
第七步	本年应补(退)所得税额	本行为计算行次,反映当年应补或应退税额。

易错点解析

实务中,企业所得税年度汇算清缴表填写的基本原则是:在企业会计利润的基础上,针对税收和会计规定上的差异(即"税会差异")进行纳税调整后,计算出应该交多少企业所得税。步骤如下:

(1)核查收入核算账户和主要原始凭证,根据行业会计核算制度,确定当期产生的经营收入、财产转让收入、股息红利收入等应税收入;

(2)核查成本核算账户和主要的原始凭证,根据行业会计核算制度,确定当期实际支出的销售成本或营业成本;

(3)核查主要的期间费用账户和原始凭证,确定当期实际支出的销售费用、管理费用和财务费用;

(4)核查税金核算账户,确定税前应扣除的税金总额;

(5)核查损失核算账户,计算货币资产损失、非货币资产损失、投资损失和其他损失;

(6)核查营业外收支账户及主要原始凭证,计算营业外收支净额;

(7)根据上述步骤计算出企业当期收入总额、不征税收入和免税收入,再按税法规定核查各项准予扣除项目及允许弥补以前年度亏算,计算当期应税所得额;

(8)根据企业适用的企业所得税率,计算应纳所得税额。

例:业务 102:年度企业所得税申报。

表 6-9　A100000 中华人民共和国企业所得税年度纳税申报表(A 类)

行次	类别	项　目	金额
1	利润总额计算	一、营业收入(填写 A101010\101020\103000)	
2		减:营业成本(填写 A102010\102020\103000)	
3		减:税金及附加	
4		减:销售费用(填写 A104000)	
5		减:管理费用(填写 A104000)	
6		减:财务费用(填写 A104000)	
7		减:资产减值损失	
8		加:公允价值变动收益	
9		加:投资收益	
10		二、营业利润(1－2－3－4－5－6－7＋8＋9)	
11		加:营业外收入(填写 A101010\101020\103000)	
12		减:营业外支出(填写 A102010\102020\103000)	
13		三、利润总额(10＋11－12)	

续表

行次	类别	项　目	金额
14	应纳税所得额计算	减:境外所得(填写 A108010)	
15		加:纳税调整增加额(填写 A105000)	
16		减:纳税调整减少额(填写 A105000)	
17		减:免税、减计收入及加计扣除(填写 A107010)	
18		加:境外应税所得抵减境内亏损(填写 A108000)	
19		四、纳税调整后所得(13－14＋15－16－17＋18)	
20		减:所得减免(填写 A107020)	
21		减:弥补以前年度亏损(填写 A106000)	
22		减:抵扣应纳税所得额(填写 A107030)	
23		五、应纳税所得额(19－20－21－22)	
24		税率(25%)	
25	应纳税额计算	六、应纳所得税额(23×24)	
26		减:减免所得税额(填写 A107040)	
27		减:抵免所得税额(填写 A107050)	
28		七、应纳税额(25－26－27)	
29		加:境外所得应纳所得税额(填写 A108000)	
30		减:境外所得抵免所得税额(填写 A108000)	
31		八、实际应纳所得税额(28＋29－30)	
32		减:本年累计实际已缴纳的所得税额	
33		九、本年应补(退)所得税额(31－32)	
34		其中:总机构分摊本年应补(退)所得税额(填写 A109000)	
35		财政集中分配本年应补(退)所得税额(填写 A109000)	
36		总机构主体生产经营部门分摊本年应补(退)所得税额(填写 A109000)	

表 6-10　纳税调整项目明细表

行次	项目	账载金额	税收金额	调增金额	调减金额
		1	2	3	4
1	一、收入类调整项目(2+3+…+8+10+11)	*	*		
2	(一)视同销售收入(填写 A105010)	*			*
3	(二)未按权责发生制原则确认的收入(填写 A105020)				
4	(三)投资收益(填写 A105030)				
5	(四)按权益法核算长期股权投资对初始投资成本调整确认收益	*	*	*	
6	(五)交易性金融资产初始投资调整	*	*		*
7	(六)公允价值变动净损益		*		
8	(七)不征税收入	*	*		
9	其中:专项用途财政性资金(填写 A105040)	*	*		
10	(八)销售折扣、折让和退回				
11	(九)其他				
12	二、扣除类调整项目(13+14+…+24+26+27+28+29+30)	*	*		
13	(一)视同销售成本(填写 A105010)	*		*	
14	(二)职工薪酬(填写 A105050)				
15	(三)业务招待费支出				*
16	(四)广告费和业务宣传费支出(填写 A105060)	*	*		
17	(五)捐赠支出(填写 A105070)				
18	(六)利息支出				
19	(七)罚金、罚款和被没收财物的损失		*		*
20	(八)税收滞纳金、加收利息		*		*
21	(九)赞助支出		*		*
22	(十)与未实现融资收益相关在当期确认的财务费用				
23	(十一)佣金和手续费支出(保险企业填写 A105060)				
24	(十二)不征税收入用于支出所形成的费用	*	*		*
25	其中:专项用途财政性资金用于支出所形成的费用(填写 A105040)	*	*		*

续表

行次	项目	账载金额	税收金额	调增金额	调减金额
		1	2	3	4
26	(十三)跨期扣除项目				
27	(十四)与取得收入无关的支出		*		*
28	(十五)境外所得分摊的共同支出	*	*		*
29	(十六)党组织工作经费				
30	(十七)其他				
31	三、资产类调整项目(32+33+34+35)	*	*		
32	(一)资产折旧、摊销(填写 A105080)				
33	(二)资产减值准备金		*		
34	(三)资产损失(填写 A105090)	*	*		
35	(四)其他				
36	四、特殊事项调整项目(37+38+…+43)	*	*		
37	(一)企业重组及递延纳税事项(填写 A105100)				
38	(二)政策性搬迁(填写 A105110)	*	*		
39	(三)特殊行业准备金(39.1+39.2+39.4+39.5+39.6+39.7)	*	*		
39.1	1.保险公司保险保障基金				
39.2	2.保险公司准备金				
39.3	其中:已发生未报案未决赔款准备金				
39.4	3.证券行业准备金				
39.5	4.期货行业准备金				
39.6	5.中小企业融资(信用)担保机构准备金				
39.7	6.金融企业、小额贷款公司准备金(填写 A105120)	*	*		
40	(四)房地产开发企业特定业务计算的纳税调整额(填写 A105010)	*			
41	(五)合伙企业法人合伙人应分得的应纳税所得额				
42	(六)发行永续债利息支出				
43	(七)其他	*	*		
44	五、特别纳税调整应税所得	*	*		
45	六、其他	*	*		
46	合计(1+12+31+36+44+45)	*	*		